돈의 모든 것

십대톡톡_06
돈의 모든 것

펴낸날 초판 1쇄 2024년 11월 22일

글 김성호 | 그림 박상훈
편집 이정아 | **디자인** 캠프 | **홍보마케팅** 이귀애 이민정 | **관리** 최지은 강민정
펴낸이 최진 | **펴낸곳** 천개의바람 | **등록** 제406-2011-000013호
주소 서울시 영등포구 양평로 157, 1406호
전화 02-6953-5243(영업), 070-4837-0995(편집) | **팩스** 031-622-9413

ⓒ 김성호, 2024 | ISBN 979-11-6573-582-1 43320

십대
톡톡
06

돈의 모든 것

김성호 글
박상훈 그림

천개의바람

　돈이 없던 시절, 인류는 물물교환으로 필요한 물품과 서비스를 구했어요. 물물교환으로 거래하려면 서로가 동시에 상대방이 원하는 것을 갖고 있어야 했는데, 이런 상대방을 찾기가 쉽지 않았어요. 이것을 욕망의 이중적 일치라고 해요. 물물교환의 이런 문제점을 해결하기 위해 등장한 것이 돈이에요.

　인류가 처음 돈을 사용한 때는 약 6000년 전이었어요. 그때는 소금, 조개, 옷감, 동물과 같은 물품이 돈으로 사용되었어요. 그래서 이것을 물품화폐 혹은 상품화폐라고 불렀어요. 돈의 역사를 유심히 관찰해 보면, 기술적으로 가장 뛰어난 것이 돈으로 선택된 것을 알 수 있어요. 예를 들어, 상품화폐는 금속을 녹여 원하는 형태로 만드는 주조 기술이 등장하면서 금화, 은화와 같은 금속화폐에 밀려났어요. 금속화폐는 훗날 인쇄술이라는 기술이 보급되면서 지폐에 밀려 잔돈으로 전락했고요. 지폐는 디지털 기술이 발전하면서 오늘날에는 점점 그 모습이 보기 힘들어졌어요.

이처럼 돈의 주역이 금속에서 종이로, 종이에서 디지털 숫자로 바뀌는 동안 돈의 가치를 보장하는 담보도 바뀌었어요. 금속 화폐의 시대에는 금속 그 자체가 가치였어요. 반면 지폐는 가치가 거의 없는 종이여서 금과 은이 지폐의 가치를 보증해 줬어요. 그래서 지폐는 금과 은을 바꿀 수 있는 교환권이었어요. 역사는 이 시기를 금(은) 본위제라고 기록하고 있어요.

하지만 20세기 중반에 인류가 금 본위제를 포기하자 정부가 금을 대신해 지폐의 가치를 보장해 줘야 했어요. 이것을 법정통화라고 불러요. 오늘날 모든 국가는 자신들이 원하는 때에, 원하는 만큼, 원 없이 화폐를 발행할 수 있어요. 대신 그만큼 물가가 오르는 부작용도 뒤따랐어요.

이 책은 돈에 관한 가장 기본적이고 기초적인 지식을 다루고 있어요. 역사적 사례를 통해 어렵게 느껴질 수 있는 경제 용어와 이론을 쉽게 이해할 수 있도록 구성했어요. 재미있게 읽어주시면 감사하겠습니다.

2024년 원주에서
김성호

차례

머리말 • 004

1

비트코인은 화폐가 될 수 있을까?

2

돈은 어떻게 만들어질까?

4 미국은 빚이 많아도 괜찮을까?

3 물가는 왜 오르기만 하는 걸까?

5 내가 번 돈을 남을 위해 써야 할까?

비트코인은
화폐가 될 수
있을까?

2010년 5월 22일, 미국 남성 라즐로 하니에츠는 인터넷에 글을 올렸어요.

　"내게 피자 두 판을 사 주는 사람에게 비트코인 1만 개를 드리겠습니다."

　며칠 뒤, 어떤 영국인이 이 제안을 받아들였어요. 영국인은 파파존스에 전화를 걸어 피자 두 판을 주문한 다음 하니에츠의 집으로 보내줬어요. 그리고 약속대로 1만 개의 비트코인을 받았어요.

　이것이 비트코인으로 물건을 구매한 최초의 기록이에요. 이

라즐로 하니에츠가 비트코인으로 산 피자

역사적인 날을 기념하기 위해 지금도 매년 5월 22일을 피자 데이pizza day라고 부르고 있어요.

당시 비트코인 1만 개의 가치는 약 5만 5000원이었어요. 그런데 피자 데이 14주년이 되는 2024년 5월 22일에는 그 가치가 무려 9500억 원이 되었어요. 라즐로 하니에츠는 역사상 가장 값비싼 피자를 먹은 셈이에요.

글로벌 금융 위기

||||||||||||||||||||||||||||||||||||||||||||||||||

2008년 9월 15일, 미국 은행 리먼 브라더스가 파산 신청을 했어요. 그리고 같은 날, 은행 업계 3위의 메릴린치가 다른 은행에 팔렸어요. 불과 하루 동안에 미국이 자랑하는 세계 4대 투자 은행 중 두 개가 힘없이 무너지자, 후폭풍이 전 세계를 강타했어요. 이것이 제2차 세계대전 이후 최대의 경제 위기라 불리는 글로벌 금융 위기예요. 여기서 잠시 시간을 거꾸로 돌려볼게요.

한일 월드컵으로 뜨거웠던 2002년 여름, 미국은 주택 가격이 연일 오르고 있었어요. 주택을 사 두면 큰돈이 된다는 말에 자극을 받은 미국인들은 집을 사려고 의욕을 불태웠어요.

  "땡빚을 내서라도 집을 사겠어!"

그런데 집은 상당히 비싼 물건이에요. 한 채에 수억 원이 넘기 때문에 어지간한 부자가 아니라면 마트에서 우유를 사듯 한번에 값을 치를 수 없어요. 그래서 주택을 구입하려는 사람들은 흔히 은행과 같은 금융 기관에서 돈을 빌려요.

너도나도 집을 사려고 하자 돈을 빌려주는 금융 기관들은 쏠쏠하게 돈을 벌었어요. 주택 구매 자금을 빌려주는 조건으로 이자를 받았거든요.

하지만 은행과 같은 금융 기관은 아무한테나 대출해 주지 않아요. 직업이나 월급, 가지고 있는 재산이나 신용도 등을 꼼꼼하게 조사해서 믿을 만한 사람에게만 대출해 줘요. 즉 대출 심사를 하는 거예요. 만일 돈을 빌려줬는데, 갚지 않으면 금융 기관이 낭패를 보니까요.

그런데 처음에는 까다롭게 대출해 줬던 미국의 금융 기관들이 집값이 계속 오르자, 대출 심사를 느슨하게 하기 시작했어요.

> "니나NINA 대출이라는 게 있어요. 수입도 없고(No Income), 자산도 없는(No Asset) 사람에게도 해주는 대출이에요. 사람들은 어떤 말도, 어떤 것도 증명할 필요가 없어요. 단지 살아 있는 사람이면 돼요. 맥박이 뛰는 것만 알려주면 돈을 척척 내줬어요. 믿기 힘들겠지만, 오하이오주州에서는 이미 죽은 23명의 이름으로 대출을 받은 사건도 있었어요."▶

아니, 이러다가 돈을 못 갚으면 어떻게 하냐고요? 금융 기관도 믿는 구석이 있었어요. 대출을 해주면서 고객이 사려는 주택을 담보로 잡았거든요. 말하자면 주택을 인질로 잡아 둔 거예

요. 만약 고객이 돈을 갚지 못하면, 은행은 담보로 잡은 주택을
팔면 되니까요. 어차피 주택 가격은 계속 오르고 있었기 때문에
주택을 팔면 빌려준 돈을 회수하고도 남았어요.

하지만 세상에 영원한 것은 없죠. 끝도 없이 오를 것 같던 주택 가격이 2006년을 기점으로 갑자기 추락하기 시작했어요. 난리가 났죠. 무리하게 대출을 받아 주택을 산 사람들은 앞이 캄캄했어요. 빌린 돈을 갚으려고 살던 집을 내놨지만 아무도 사지 않았어요. 다들 패닉 상태에 빠져 집을 내놨기 때문이에요.

사람들이 돈을 갚지 못하자 여기에 투자한 수많은 은행, 보험사, 헤지 펀드도 덩달아 막심한 손해를 입었어요. 문을 닫을 위기에 처했지요. 발등에 불이 떨어진 금융 기관들은 돈을 마련하기 위해 전 세계에 투자한 돈을 급히 회수했어요. 주가가 하락하며 주식 시장이 붕괴됐죠. 이것이 글로벌 금융 위기의 내막이에요.

세계 경제는 직격탄을 맞았어요. 최소 750만 명의 미국인이 일자리를 잃었고, 수백만 명이 집과 저축한 돈을 잃었으며, 34억 달러에 달하는 부동산 자산이 여름날 아침의 이슬처럼 증발

헤지 펀드hedge fund
헤지hedge는 '회피하다'라는 뜻이고, 펀드fund는 여러 사람이 대신 투자해 달라고 낸 돈이에요. 뜻만 보면, 헤지 펀드는 위험을 회피해 안전한 자산에 투자하는 돈뭉치 같지만, 현실은 그 반대예요. 오늘날 많은 헤지 펀드는 높은 이익을 얻기 위해 위험도가 높은 자산에 공격적으로 투자하고 있어요.

했어요. 피해 금액은 최소 30조 달러(약 4경 원)였어요. 화들짝 놀란 미국과 유럽은 위기에 빠진 금융권을 구하기 위해 막대한 돈을 쏟아부었어요.

하지만 이 참사의 원인을 제공한 미국 대형 금융 기관의 CEO 중에서 감옥에 간 사람은 아무도 없었어요.▶ 은행원 한 명이 30개월 징역형을 받은 게 처벌의 전부였어요.

그런데 이 과정을 지켜보며 한숨을 쉬는 사람들이 있었어요. 절대로 안전하다고 믿었던 은행들의 파산, 그 부실한 은행을 살리겠다며 돈을 펑펑 찍어 내는 정부, 이를 곱지 않은 눈으로 보던 이들은 우리가 사용하는 '돈'과 그 '돈'을 만들고 공급하는 중앙정부와 은행이라는 시스템을 깊이 불신하게 되었어요.

"얘네를 정말 믿어도 되는 걸까?"

프로그래머 사토시 나카모토도 그런 사람 중 한 명이었어요. 2008년 10월 31일 핼러윈 축제가 한창이던 날, 사토시 나카모토는 기묘한 백서 한 편을 인터넷에 업로드했어요. 9페이지, 2736개 단어로 된 이 짧은 백서의 제목은 '비트코인, 개인 간 전자 현금 시스템'이었어요.

탈중앙화란 무엇일까?

그런데 백서가 뭘까요? 백서白書는 풀이하면 흰색 서류, 영어로는 화이트 페이퍼white paper라고 해요. 백서는 영국 정부가 국민에게 어떤 현상을 설명할 때 작성한 보고서에서 유래했어요. 그 보고서 표지가 흰색이어서 백서라고 불리기 시작했죠. 그러니까 비트코인 백서는 비트코인이 대체 무엇인지를 사람들에게 알려주는 글이에요. 사토시 나카모토는 백서에서 무엇을 말하고 싶었던 걸까요?

모바일 결제 서비스, 인터넷 뱅킹, 송금, 출금, 입금, 현금 서비스 등등, 오늘날 우리가 사용한 돈의 내역은 은행이나 신용카드 회사 같은 금융 기관을 거쳐요. 비유하자면 부동산 사장님을 통해 아파트를 사고파는 것과 비슷해요. 부동산 사장님은 건물을 사려는 사람과 팔려는 사람을 중간에서 연결해 주고 그 대가로 수수료를 받아요. 이처럼 금융 기관도 수수료를 받아요. 또 거래 기록은 빠짐없이 해당 금융 기관의 중앙 서버에 저장돼요. 이것을 '중앙 집중식 금융'이라고 불러요.

사토시 나카모토는 이 중앙 집중식 금융에 문제가 많다고 생각했어요. 수수료를 내는 것도 아깝고, 어떤 사악한 해커가 금융 기관의 중앙 서버를 공격하면 시스템 전체가 와르르 무너질

중앙 집중식 금융 시스템   블록체인 시스템

수도 있어요. 만일 은행이 망하기라도 하면, 예금을 맡긴 사람
은 법이 정한 금액만 돌려받을 수 있고요. 우리나라는 5천만 원
까지만 보장해 줘요. 사토시 나카모토는 이런 은행을 신뢰할 수
없었어요. 은행의 부실한 경영으로 시작된 글로벌 금융 위기를
통해 중앙 집중식 금융 시스템이 얼마나 취약한지를 알게 되었
으니까요. 그래서 사토시는 사람들에게 제안했어요.

"은행 빼고, 우리끼리 거래해요!"

은행을 거치지 않고 개인끼리 돈을 주고받으면 수수료가 없어요. 말하자면 부동산 사장님 없이 아파트를 팔려는 사람과 사려는 사람이 직거래하는 방식이에요. 서버 해킹에서도 안전해요. 이 새로운 시스템에는 '중앙 서버'라는 게 없으니까요. 이렇게 중앙 집중식 금융을 탈피하는 것을 '탈중앙화'라고 불러요. 이 탈중앙화를 가능하게 한 기술이 바로 그 유명한 '블록체인'이에요.

《조선왕조실록》과 블록체인

《조선왕조실록》은 조선을 건국한 태조부터 25대 왕인 철종까지 472년 조선 역사를 기록한 귀중한 기록물이에요.《조선왕조실록》은 원래 4개였어요. 조선은 똑같은 실록을 4개 만들어서 한양과 충주, 성주와 전주에 따로 보관했어요. 혹시 모를 사고를 대비하기 위해서였죠. 우려는 정말로 현실이 되었어요. 임진왜란과 병자호란, 6·25전쟁을 겪으면서 한양과 충주, 성주에 보관한 실록이 불타서 사라졌거든요. 다행히 전주에 보관한 실록만은 무사했어요. 이것이 현재 전해지는 《조선왕조실록》이에요. 위험에 대비해서 하나의 원본을 여러 개로 만들어 따로 보관하는 원리, 블록체인에도 이 원리가 들어 있어요.

블록block은 말하자면 거래 장부예요. 언제, 누구에게 송금했는지, 상품과 서비스를 구매했는지 등등의 거래 기록을 저장하는 장소지요. 이 시스템에 참여한 사람들과 나의 거래 내용을 공유해요. 정확하게는 다른 참여자의 컴퓨터에 전송되는 거예요. 왜 그럴까요? 이 새로운 거래 시스템은 거래 자료를 저장하는 중앙 서버가 없기 때문에 참여자들이 자신들의 컴퓨터에 원본을 하나씩 보관하는 거예요.

이런 특징 때문에 블록에 저장된 거래 내용은 사실상 위조나 변조가 불가능해요. 은행의 중앙 서버는 하나뿐이라서 해킹할 수도 있겠지만, 전 세계에 뿔뿔이 흩어져 있는 수백만 명의 집에 있는 컴퓨터를 무슨 수로 해킹하겠어요.

그런데 거래 장부가 꽉 차면 새 장부가 필요하잖아요? 블록도 거래 데이터가 꽉 차면 새 블록을 만들어야 해요. 이때, 꽉 찬 블록과 새 블록은 마치 체인으로 이은 것처럼 연결되어 있어요. 그래서 이것을 블록체인block chain이라고 불러요.

블록에 저장된 거래 내용은 신원 확인과 보안을 이유로 암호화 작업을 해야 해요. 그러려면 모든 거래 내용이 제대로 암호화가 되어 있는지 꼼꼼히 확인할 필요가 있겠죠? 그런데 문제

비트코인을 처음 만든 사토시 나카모토를 '비트코인의 아버지'라고 불러요. 그런데 사토시는 신비스러운 인물이에요. 어디에 살고, 어떻게 생겼는지, 심지어 남자인지 여자인지도 몰라요. 사토시 나카모토라는 이름만 보면 일본인 같지만, 가짜 이름이라는 설이 유력해요. 개인이 아니라 단체라는 주장도 있어요. 다만,

사토시 나카모토 동상

2008년까지 사토시 나카모토라는 이름을 가진 프로그래머에 대한 기록이 전혀 존재하지 않았다는 점은 확실해요. 그의 정체가 무엇이든, 사토시는 현재 100만 개 이상의 비트코인을 가졌으리라 예상해요. 현재 가치로 90조 원이 넘는 어마어마한 액수예요. 전 세계 부자들을 재산 순서대로 세운다면 사토시는 20명 안에 들어간다고 해요.

는 이 거래 시스템을 별도로 관리하는 사람이 없다는 데 있어요. 블록체인은 마치 주민 자치 기구처럼 사람들이 시스템에 자발적으로 참여하는 거니까요. 그러니 거래 시스템을 관리하는 귀찮고 성가신 일을 누가 돈도 안 받고 해주겠어요. 그래서 사토시는 이 일을 해주는 사람에게 보상으로 뭔가를 지급하도록

했어요. 그것이 바로 '비트코인'이에요. 요약하면, 사토시는 비트코인을 화폐로 사용하면서 수수료도 없고, 국경도 없고, 은행 같은 중개 기관도 없는 새로운 거래 시스템을 제안한 거예요.

비트코인과 스타벅스 커피

비트코인 소식을 전하는 뉴스 화면에는 큼지막한 B가 새겨진 반짝이는 금화가 심심찮게 나와요. 잘 모르는 사람이 본다면 착각할 수 있어요.

비트코인을 상징하는 이미지

'아! 저게 비트코인이구나!'

코인coin이 동전이라는 뜻이기도 하고요. 하지만 이 금화는 그냥 상징적인 이미지일 뿐이에요. 비트코인은 동전이나 지폐처럼 볼 수 있고, 만질 수 있는 물리적 화폐가 아니에요. 숫자 0과 1로 이뤄진 디지털 데이터, 즉 디지털 화폐예요. 비트코인의 '비트'도 컴퓨터 등에서 사용하는 디지털 단위, 비트bit를 뜻해요.

비트코인은 다양한 이름을 갖고 있어요. 암호화 기술이 적용되어서 '암호화폐', 네트워크 같은 가상 공간에서 사용해서 '가상화폐'로 불리기도 해요. 이름처럼 비트코인은 이미 화폐로 사용하고 있어요. 비트코인으로 스타벅스에서 커피를 마시고, 호텔을 예약하고, 일부 병원이기는 하지만 진료비를 결제할 수 있어요. 멸종 위기에 처한 고래를 지켜 달라며 그린피스에 기부할 수도 있어요. 엘살바도르는 2021년 6월, 비트코인을 법정화폐로 인정했고, 한 달 뒤 아르헨티나는 비트코인으로 급여를 지급할 수 있는 법안을 발의했어요.

오늘날 5억 명 넘는 사람이 비트코인 같은 암호화폐를 보유하고 있으며, 마이크로소프트를 포함한 전 세계 1만 5천 개 이상의 기업이 비트코인을 수용하고 있어요. 비트코인을 현금으로 교환해 주는 비트코인 ATM 기계도 3만 6천 대 이상 설치되

💡 **법정화폐와 내재 가치**
법정화폐란 국가가 발행하는 돈이에요. 대표적인 법정화폐는 동전과 지폐예요. 그런데 이것들은 돈이 아니면 가치가 거의 없는 구리 덩어리와 딱딱한 종잇조각일 뿐이에요. 경제학에서는 이것을 '내재 가치가 없다'라고 표현해요. 내재 가치란 내부에 들어 있는 본질적 가치란 뜻이에요. 결국 우리는 내재 가치라고는 없는 동전과 지폐를 돈으로 사용하고 있어요. 이유는 하나, 국가가 '이것만 돈으로 사용해!'라며 법으로 정했기 때문이에요.

어 있어요. 이런 인기에 힘입듯 비트코인은 역사상 가장 빠르게 12년 만에 시가 총액 1조 달러를 달성했어요. 세계적인 IT 기업인 애플이나 구글보다 빠른 속도였어요.

이런 추세라면 비트코인이 미래의 화폐가 될 수도 있지 않을까요? 엘살바도르가 그랬듯 다른 나라에서도 비트코인이 법정화폐와 어깨를 나란히 하거나, 아예 지폐와 동전을 밀어내고 단독 법정화폐에 등극하는 날이 올 수도 있지 않을까요?

돈의 조건
||||||||||||||||||||||||||||

좀 뜬금없지만, 잠깐 소 이야기를 할게요. '음매' 하는 그 소 말이에요. 소는 기원전 9000년 전부터 유럽에서 돈으로 사용되었

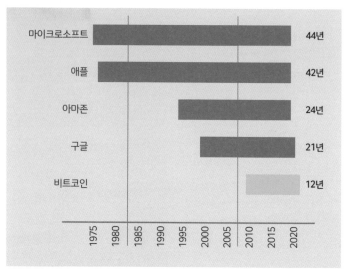

시가 총액 1조 달러를 달성하는 데 걸린 시간

어요. 그 흔적이 지금도 언어에 남아 있어요. 영어에서 '자본'을 뜻하는 캐피털capital의 어원은 '소 떼'를 뜻하는 캐틀cattle이에 요. 하지만 소는 끝내 화폐로 살아남지 못했어요.

돈이 되기 위해서는 기본적인 속성을 갖춰야 해요. 잔돈으로 도 쓸 수 있게 작은 단위로 나눌 수 있어야 하고, 들고 다니기 편 해야 하고, 튼튼하고 오래가야 하며, 너무 흔해도 곤란해요.

그런데 소는 이 조건 중 어느 하나도 충족하지 못했어요. 소 는 생명체라서 조각조각 토막 내면 죽어버려요. 또 수명이 20년 정도라 내구성도 약해요. 덩치가 크고 무거워서 들고 다니기도 불편해요. 게다가 너무 흔해요. 오늘날, 약 80만 마리의 소가 매일 도살장에서 죽어나가는데도 지구에는 여전히 10억 마리 넘게 소가 있어요.

이런 까다로운 돈의 조건을 완벽하게 만족시킨 물질이 하나 있었어요. 바로 '금'이에요. 금은 금속인데도 성질이 물렁물렁해서 쉽게 쪼개져요. 또 금은 녹슬지도 않고 변색되지도 않아요. 작은 반지나 귀걸이로 만들 수 있을 정도로 휴대성도 좋아요. 게다가 아주 귀해요. 이런 특징 때문에 금은 수천 년간 주화의 재료가 되었어요.

그럼 비트코인은 어떨까요? 비트코인은 1억 분의 1 단위로 나눌 수 있어요. 예를 들어, 비트코인 1개가 1억 원이라면, 1원만큼도 살 수 있어요. 또 본질이 디지털 데이터여서 최강의 내구성을 자랑해요. 디지털 데이터는 닳거나 찢어지거나 녹슬 일이 없으니까요. 비트코인은 무게라는 개념 자체가 없어서 휴대

돈의 속성
• 작은 단위로 나뉜다. >>> 소액 분할 가능성
• 들고 다니기 편하다. >>> 휴대성
• 튼튼하고 오래간다. >>> 내구성
• 흔하지 않다. >>> 희소성

돈의 기본 속성을 갖춘 금

도 너무 편해요. 천억 달러 가치의 비트코인도 USB나 전자 지갑, 휴대폰 등에 저장해서 사용할 수 있어요. 마지막으로 비트코인은 발행량이 2100만 개로 딱 정해져 있어서 너무 흔하지도 않고, 너무 귀하지도 않아요. 이렇게 금과 많이 닮아서 비트코인을 '디지털 금'이라고도 불러요.

하지만 이것만으로 비트코인이 미래의 화폐가 될 거라 믿는다면 그건 지나치게 낙관적이에요. 화폐로 쓰이려면 돈의 속성은 물론 돈의 기능까지 겸비해야 하니까요. 돈의 기능은 여러 가지가 있어요. 우리가 돈을 내고 편의점에서 콜라를 사거나, 미용실에서 머리를 다듬는 것을 경제학에서는 '돈으로 상품과 서비스를 교환한다'라고 표현해요. 이것이 돈의 '교환 매개' 기능이에요. 매개는 수단이라는 뜻이에요. 그런데 비트코인은 이 항목에서 좋은 점수를 받기가 힘들어요. 비트코인으로 결제할 수 있는 점포와 기업이 있다고는 하나 극히 일부에 불과해요. 비트코인으로는 떡볶이를 사 먹을 수 없고, 세금도 내지 못해요. 비트코인을 거부하는 곳이 훨씬 많아요. 물론 비트코인을 받는 곳이 계속 늘고 있으니 좀 더 지켜볼 필요는 있어요.

우리가 1만 원을 안심하고 은행에 예금하거나 금고에 보관하는 이유는 시간이 흘러도 그 가치가 1만 원일 거라는 믿음 때문이에요. 물론 가치가 1만 원보다 오르면 더할 나위 없이 좋겠지요. 이것이 돈의 '가치 저장' 기능이에요. 2011년 1달러였던 비트코인은 2024년 약 7만 1000달러 수준으로 가격이 믿을 수 없을 만큼 올랐어요. 이런 상승세가 앞으로도 계속될지는 알 수 없지만, 가치 저장 수단으로써 비트코인은 지금까지는 후한 점수를 받을 자격이 있어요.

문제는 돈의 '가치 척도' 기능이에요. 비트코인의 가치 급등은 아이러니하게도 화폐로서 치명적인 결함을 드러내고 말았어요. 화폐는 가치가 안정적이어야 사람들이 안심하고 사용할 수 있어요. 라면을 주문할 때는 1000원이었는데, 다 먹고 나니 1500원이나 500원이 된다면 소비자와 판매자 모두 혼란스러울 거예요. 라면 한 그릇의 적정 가치가 얼마인지 짐작조차 할 수 없으니까요. 그런데 비트코인 가격은 롤러코스터처럼 들쑥날쑥해요. 단 몇 분 만에 10% 이상 오르는가 하면, 단 사흘 만에 80% 이상 하락하는 등 도무지 종잡을 수 없어요. 가치 척도 기능에서 비트코인은 낙제점을 피할 수 없어요.

 돈의 기능
- 물건을 사고팔거나 서비스를 이용한다. >>> 교환 매개 기능
- 가치를 저장하는 수단으로 사용한다. >>> 가치 저장 기능
- 물건이나 서비스의 가치를 측정한다. >>> 가치 척도 기능

이런 문제점 때문에 오늘날 대부분 국가는 비트코인을 법정 화폐로 인정하지 않아요. 대한민국 정부는 비트코인과 같은 디지털 화폐를 '가상 자산'이라고 부르고 있어요. 가격이 오르고 내리는 폭이 큰 비트코인은 주식이나 금과 같은 투자 자산이지, 돈은 아니라며 명확하게 선을 그은 거예요.

그런데 중앙정부가 비트코인을 돈으로 인정하지 않는 데에는 또 다른 이유가 있어요. 정부는 한국은행 같은 중앙은행을 통해 국가 경제가 원만하게 기능하도록 경제 정책을 적절하게 판단하고 결정해요. 그리고 필요에 따라 시중에 돌아다니는 돈의 양(통화량)을 고무줄처럼 줄였다 늘였다 조절해요. 이렇게 돈과 경제를 통제하면서 정부는 공권력의 존재 가치와 권위를 증명할 수 있어요. 그런데 비트코인에는 이게 잘 안 먹혀요. 비트코인은 한국은행 같은 중앙은행이 발행한 돈이 아닌 데다, 은행과 중앙정부의 통제를 거부하는 탈중앙화를 강령으로 내세우며 탄생했으니까요. 그래서 사실 정부는 이런 암호화폐를 별로 좋아하지 않아요.

게다가 비트코인은 탈세나 떳떳하지 못한 방법으로 얻은 돈을 정부가 추적할 수 없도록 꼭꼭 숨기는 데 이용하기도 해요. 더러운 돈을 깨끗하게 보이려고 여러 방식으로 탈바꿈하는 것을 '돈세탁'이라고 불러요. 예를 들어, 뇌물로 받은 돈과 마약을 판매해서 벌어들인 돈을 비트코인으로 바꿔서 세무 당국의 추적을 피하는 거예요. 비트코인은 암호화된 블록체인에 존재하는 데다, 사용자의 이름이 익명이라서 드러나지 않아 추적이 어마어마하게 어렵거든요. 사냥꾼이 밀림 속으로 달아난 호랑이를 쫓는 것처럼 막막해요.

중국에서는 돈을 비트코인으로 바꿔 나라 밖으로 유출하는 일까지 있었어요. 중국은 국민 한 명이 국외로 반출할 수 있는 외화 금액을 최대 5만 달러로 제한했는데, 중국 부자들은 그보다 많은 돈을 비트코인으로 바꿔 국외로 몰래 빼돌렸어요. 그 규모가 무려 500억 달러 이상이었어요. 뿔이 난 중국 정부는 2021년 비트코인을 포함한 모든 암호화폐의 거래를 금지했어요.

돈으로 사용된 담배

1584년, 영국인 월터 롤리는 긴 항해 끝에 신대륙이라 불리던 지금의
미국 북부 해안에 도착했어요. 롤리는 당시 영국 군주이자 버진퀸(처녀
여왕)이라 불리던 엘리자베스 여왕을 기리는 의미로 그 땅의 이름을
버지니아라고 지었어요.

버지니아에 정착한 이주민들은 먹고살기 위해 신대륙의 토착 식물인
담배를 재배했어요. 그리고 수확한 담배를 유럽에 수출했는데 품질이 워낙
좋아서 날개 돋친 듯 팔렸어요.

그런데 17세기가 되자, 영국 정부가 식민지인 신대륙에 금화가 유출되지
못하게 막았어요. 쓸 돈이 부족해진 버지니아 주민들은 말린 담뱃잎을
법정화폐로 사용했어요. 담배로 옷과 식료품을 사고, 세금까지 냈지요.

담배가 돈으로 사용되자 버지니아 주민들은 앞다퉈 담배를 심었고,
그 결과 담배가 너무 많아졌어요. 돈은 너무 흔하면 가치가 떨어져요. 결국
버지니아는 18세기에 담배 화폐를 없앴어요.

담배가 돈으로 사용된 사례는 또 있어요. 제2차 세계대전 중, 적십자사는
독일군의 포로가 된 연합군에게 담배를 보내주곤 했어요. 포로들은 이

담배를 수용소 안에서 돈으로 사용했어요. 의외로 담배는 쓸 만한 화폐였어요.

담배는 습기에 약하고 쉽게 부서지는 성질 때문에 내구성은 형편없었지만, 작고 가벼워서 휴대하기가 좋았어요. 또 소액의 동전처럼 담배 한 개비로 나눠서 사용할 수 있었고, 수용소에서는 쉽게 구할 수 없는 물품인 만큼 희소성도 있었어요.

18세기, 버지니아에서 생산된 담배를 홍보하는 포스터

놀랍게도 담배는 돈의 기능도 그런대로 갖추고 있었어요. 당시 포로 대부분이 흡연자여서 담배의 가치가 꽤 높았거든요. 포로들은 이 담배로 초콜릿을 사거나 독일 경비병에게 잘 봐 달라며 뇌물로 주곤 했어요. 돈의 교환 매개 기능이에요. 몇몇 포로들은 지급된 담배를 피우지 않고 꼬불쳐 두었다가 나중에 비싼 물품과 맞바꿨어요. 돈의 가치 저장 기능이에요. 마지막으로 수용소에서 담배의 가치는 늘 안정적이어서 포로들은 담배로 수용소에서 거래되는 상품과 서비스의 가격을 책정할 수도 있었어요. 돈의 가치 척도 기능이에요.

돈은 어떻게 만들어질까?

13세기, 이탈리아 사람 마르코 폴로는 20년간 아시아를 여행한 경험을 책으로 엮어 《동방견문록》을 출간했어요. 유럽인들은 이 책에서 다음 내용을 보고 놀랐어요.

중국인은 뽕나무 껍질로 만든 종이를 돈으로 쓰고 있다. 그들은 어디에 가든 이 돈을 사용해 모든 것을 살 수 있다. 그것은 마치 연금술과 같다.

유럽인들은 믿을 수 없었어요. 왜냐하면 유럽인들에게 돈은 금화나 은화 같은 주화뿐이었으니까요. 지폐는 아무 가치가 없는 종잇조각에 불과했어요.

욕망의 이중적 일치

오랜 옛날, 사람들은 필요한 것을 얻기 위해 물물교환을 했어요. 흔히 물물교환이라고 하면 물건끼리 맞바꾸는 '직거래'를 떠올리지만, 물물교환은 서비스도 대상에 포함돼요. 예를 들어, 양계장 청소를 해주는 대가로 양계장 주인으로부터 달걀을 받는다면 서비스와 물건 간의 물물교환이에요. 또 이웃집 잔디를 깎아준 대가로 이웃 사람이 우리 집 지붕을 수리해 준다면 서비스 간의 물물교환이지요.

그런데 이런 물물교환이 이뤄지려면 조건이 하나 있어요. 내가 원하는 물건이나 서비스를 가진 상대방과 거래를 하려면 나 역시 상대방이 원하는 것을 갖고 있어야 해요. 경제학에서는 이것을 '욕망의 이중적 일치'라고 표현해요. 쉽게 말해, 두 사람은 서로의 요구 사항을 충족시켜 줄 수 있어야 하죠. 그러나 이런 상대방을 만나는 건 쉽지 않아요.

돈은 이런 불편함을 해결하기 위해 등장했어요. 돈은 모든 물건과 서비스에 가치, 즉 값을 매기는 도구예요. 이제 사람들은 욕구가 일치하는 상대방을 찾아다니느라 헛심을 쓸 필요가 없어요. 돈으로 교환하면 되니까요.

돈은 딱딱해야지!

돈은 이렇게 세상에 처음 모습을 드러냈어요.▶ 시기적으로는 대략 기원전 4000년 전부터예요. 조개껍질, 옷감, 소금, 동물, 심지어 술까지 다양한 물건이 돈으로 사용되었어요. 그러다 최종적으로 금, 은, 구리의 금속 3형제로 압축되었지요. 이 금속들은 매우 튼튼하고, 작게 쪼갤 수 있으며 휴대하기도 좋았어요.

최초의 동전

기원전 7세기, 오늘날 터키 지역에 리디아라는 나라가 있었어요. 리디아인은 금과 은을 섞은 최초의 동전, '일렉트럼'을 만들었어요. 일렉트럼electrum은 '호박색의 금은 합금'을 뜻해요. 여기서 호박은 먹는 호박이 아니라 빛깔이 누리끼리한 보석이에요. 금과 은을 섞으면 이 호박색과 비슷해져서 붙여진 이름이지요. 일렉트럼은 오늘날 우리가 사용하는 동전처럼 완전한 원의 형태는 아니에요. 달걀에 가까운 타원형이고, 크기는 강낭콩 정도예요.

최초의 동전, 일렉트럼

특히 녹여서 틀에 부으면 같은 형태를 다량으로 찍어 낼 수 있어 화폐를 규격화하는 데 알맞았어요. 일정한 순도와 크기와 모양과 무게를 갖춘 금속화폐, 바로 '동전'이 만들어졌어요. 금화와 은화, 구리 동전이 나왔어요.

금속 동전은 딱딱해서 영어로 하드 머니hard money, 한자어로 경화硬貨라고 불러요. '경직되다'의 그 '경'이에요. 금화와 은화는 녹이면 다시 금과 은으로 사용할 수 있으므로 사람들은 동전의

고대 그리스의 드라크마 은화

로마 제국의 데나리우스 은화

로마 제국의 아우레우스 금화

프랑크 왕국, 메로빙거 왕조의 금화

가치를 믿고 사용했어요. 말하자면 내재 가치가 있었던 거예요.

　돈은 곧 경화다!

　이런 인식이 유럽인의 머릿속에 오랫동안 뿌리를 내리고 있었어요. 하지만 그들은 알지 못했어요. 수천 킬로미터 떨어진 동양의 어느 제국에서는 전혀 딱딱하지 않은 돈을 사용하고 있었다는 사실을요. 이 부드러운 돈을 연화軟貨, 영어로 소프트 머니soft money라고 불러요. 그 돈의 정체는 바로 '지폐'였어요.

처음으로 지폐를 사용한 중국

7세기 중국 당나라 사람들은 구리 동전인 개원통보를 사용하고 있었어요. 개원통보는 둥근 모양에 끈으로 연결하게끔 구멍이 뚫려 있었어요. 동전의 최대 단점은 무게였어요. 특히 거래를 위해 먼 곳을 돌아다녀야 했던 상인들은 무거운 동전이 늘 부담스러웠어요. 그렇다고 돈을 두고 다닐 수도 없었죠. 그래서 당나라 상인들은 기발한 아이디어를 생각해 냈어요.

　중국 상인, 장 씨는 베이징에서 장사하고 있었어요. 어느 날 장 씨는 비단을 구하러 톈진에 가게 되었어요. 하지만 장 씨는

당나라 동전, 개원통보

머나먼 톈진까지 무거운 동전을 들고 가기가 싫었어요. 그래서
장 씨는 베이징에서 돈을 취급하는 금융업자를 찾아가 동전 꾸
러미를 맡겼어요. 금융업자는 장 씨에게 동전을 보관한다는 증
서, 즉 보관증을 발행해 줬어요. 장 씨는 이 보관증을 들고 톈
진으로 가서 비단 장수 왕 씨에게 비단을 사며 값으로 동전 대
신 보관증을 건넸어요. 왕 씨는 이 보관증을 들고 자신이 잘 아
는 톈진의 금융업자에게 갔어요. 왕 씨는 금융업자에게 보관증
을 건네주고 동전을 받았지요. 동전 보관증을 제시하는 자에게
보관증에 적힌 만큼 동전을 내어 주기로 금융업자와 미리 약속
되어 있었거든요. 이렇게 동전 보관증만 있으면 굳이 무거운 동
전을 들고 다닐 필요가 없었어요. 중국 상인들은 동전 보관증을

돈처럼 사용했던 거예요.

당나라 사람들은 이 보관증을 비전飛錢, 영어로는 플라잉 머니flying money라고 불렀어요. 너무 가벼워서 바람만 불어도 풀풀 날려서 그렇게 불렸다고 해요. 비전은 기록으로 전해지는 세계 최초의 지폐지만, 일부 상인들만 사용해서 최초의 지폐로 공식적인 인정은 받지 못했어요.

300년 뒤, 송나라는 이 보관증을 국가가 공식적으로 발행했어요. 이것이 세계 최초의 지폐인 '교자'예요. 원래 교자는 송나라 서쪽 변두리 지역인 쓰촨성에서 상인들이 쓰던 철전의 보관증이었어요. 철전은 철로 만든 돈이에요. 쓰촨성은 구리가 부족해 철로 돈을 만들었거든요. 철은 구리보다 무거워요. 철전으로 소금 13킬로그램을 사려면 볼링공과 맞먹는 20킬로그램의 철전을 끙끙거리며 들고 다녀야 했어요.

이런 불편함 때문에 쓰촨성에서는 철전을 보관해 주고 보관증을 주는 금융업자들이 생겨났어요. 이 금융업자를 교자포, 교자포가 발행한 보관증을 교자라고 불렀어요. 교자는 당나라 지폐인 비전의 송나라 버전이라고 할 수 있어요.

송나라 정부도 교자가 편리하다는 소문을 들었어요. 송나라 정부는 국가 차원에서 교자를 발행해 전국적으로 사용하도록 했어요. 그러다 13세기 초, 송나라는 북방 이민족 몽골족에 의

원나라 화폐 교초와 교초를 찍었던 목판

해 멸망했어요. 원나라를 세운 몽골족은 교자를 모방한 새로운 지폐, '교초'를 발행했어요. 원나라 정부는 교초만 쓰게 만들려고 백성들이 가진 금과 은, 동전을 강제로 빼앗고 대신 교초를 줬어요. 심지어 살벌한 문구도 교초에 새겨 넣었어요.

교초를 거부하는 자는 사형에 처한다.

마르코 폴로가 봤다는 지폐가 바로 이 교초예요. 그로부터

400년 뒤, 유럽에서도 비슷한 일이 일어났어요. 딱딱한 돈만 쓰던 유럽에서도 마침내 지폐가 등장했지요.

금 보관증과 은행권

17세기, 영국 국왕 찰스 1세는 의회와 사이가 좋지 않았어요. 찰스 1세는 의회가 자신이 하는 일에 사사건건 트집만 잡는다고 생각해 의회를 해산시켰어요. 눈엣가시 같은 의회가 사라진 건 좋았지만, 문제는 의회가 왕실 살림에 대한 승인권을 갖고 있었다는 거예요. 의회가 사라지자 찰스 1세는 돈 나올 데가 없어졌어요.

그런 찰스 1세의 눈에 런던 탑이 들어왔어요. 그 탑에는 런던 상인들이 맡긴 금이 보관되어 있었거든요. 돈이 궁했던 찰스 1세는 그 금에 슬쩍 손을 댔어요. 소식을 들은 상인들은 깜짝 놀라 런던 탑으로 몰려가 자신들의 금을 빼냈어요. 그러고는 금을 보관하기 위해 '골드스미스'를 찾아갔어요. ▶

골드스미스goldsmith는 금을 가공해 접시, 찻잔, 반지 등을 만드는 금 세공업자를 말해요. 금을 많이 다루기 때문에 골드스미스들은 작업장에 아주 크고 튼튼한 금고를 놓고 거기에 금을 보관했어요. 상인들은 골드스미스에게 솔깃한 제안을 했어요.

"우리 금을 당신의 금고에 보관해 주세요. 그러면 보관료를 드리겠소."

"알겠습니다. 보관증을 써 드릴게요."

훗날 골드스미스들은 이 보관증을 들고 온 사람에게 금을 내줬어요. 마치 세탁물 보관증을 세탁소에 주면 맡긴 옷을 찾듯 말이에요. 이 금 보관증을 '골드스미스 노트'라고 해요. 그런데 시간이 흐르자 상인들은 이 금 보관증을 돈처럼 사용하기 시작했어요. 물건을 사거나, 돈을 빌릴 때 돈 대신 금 보관증을 상대방에게 건넸지요.

"이 보관증을 들고 골드스미스에게 가면 보관증에 적힌 만큼의 금을 내어 줄 걸세!"

당나라와 송나라에서 사용한 동전 보관증과 매우 비슷하죠? 이렇게 골드스미스 노트가 지폐처럼 활발하게 사용되자 금 세공업자들은 아예 업종을 변경해 은행을 세웠어요. 그리고는 본격적으로 고객이 맡긴 금의 양만큼 골드스미스 노트를 발행했지요. 은행이 발행한 지폐라고 해서 이것을 '은행권'이라고 불러요. 은행권의 '권'은 증서를 뜻하는 한자어예요. 1661년, 스웨덴의 스톡홀름 은행이 유럽 최초의 지폐인 은행권을 발행했어요.

금 본위제
||||||||||||||||||||||||||||

유럽인이 종잇조각인 지폐를 믿고 사용한 이유는 지폐가 금과 묶여 있기 때문이에요. 지폐는 금 보관증에서 출발했으니까요. 그래서 은행들은 지폐(은행권)를 가져오는 사람에게 그 지폐의 가치만큼 금으로 교환해 줬어요. 은화를 사용하는 지역의 은행에서는 은행권을 은으로 바꿔줬고요. 이렇게 금과 은으로 바꿔주는 은행권(지폐)을 태환 지폐라고 불러요. 태환은 바꾼다는 뜻이에요.

금을 기반으로 하는 화폐 제도는 금 본위제, 은을 기반으로 하는 화폐 제도는 은 본위제라고 불러요. 드물지만 구리 본위제도 있어요. 금과 은이 부족했던 스웨덴은 17세기에 구리 본위제를 시행해서 지폐를 가져온 사람에게 구리를 내줬어요.

이렇게 은행권을 금이나 은으로 교환해 준다는 것은 바꿔 말하면, 은행은 자신들이 가진 금과 은의 양만큼만 은행권을 발행할 수 있다는 뜻이기도 해요. 하지만 은행들은 이 기본적인 원칙을 잘 지키지 않았어요. 더 많은 이자를 받고 싶은 욕심에 보유한 금과 은을 초과해서 은행권을 펑펑 발행했어요. 이 사실을 안 고객들이 몰려와 지폐를 내밀며 맡긴 금을 달라고 요구했지만, 은행은 내줄 금이 부족했어요. 이런 은행은 파산하고 말겠죠. 이것을 뱅크 런bank run이라고 불러요. 은행을 믿지 못한 고객들이 예금을 인출하기 위해 앞다퉈 은행bank으로 달려가는 run 현상을 말해요. 유럽에서 처음으로 은행권을 발행한 스톡

홀름 은행도 은행권을 마구 찍어 내다가 뱅크 런을 피하지 못해 문을 닫고 말았어요.

은행권은 나만 발행한다

처음에는 모든 은행이 자신들만의 고유한 은행권을 발행했어요. 마치 백화점들이 경쟁적으로 발행하는 상품권처럼 시중에는 다양한 은행권이 넘쳐났지요. 지금은 오직 중앙은행만 은행권, 즉 지폐를 발행할 수 있어요. 이렇게 은행권을 독점적으로 발행하는 은행을 '발권 은행'이라고 해요. 한국의 한국은행, 일본의 일본은행, 미국의 연방준비제도가 대표적인 발권 은행인 중앙은행이에요.

드물기는 하지만 중앙은행이 없는 국가도 있어요. 안도라, 맨섬, 키리바시, 마셜 제도, 미크로네시아, 모나코, 나우루, 팔라우, 파나마, 투발루는 미국 달러나, 호주 달러, 유로화 등의 외국 돈을 사용하고 있어서 굳이 중앙은행이 필요 없어요.

원래 중앙은행은 돈이 필요했던 정부에게 지폐를 공급하려는 목적으로 만들어졌어요. 최초의 중앙은행은 1688년에 설립된 스웨덴의 릭스방크예요. 1968년, 릭스방크 설립 300주년을 기념하여 릭스방크 은행상이 만들어졌는데, 이것이 노벨 경제학상이에요. 하지만 많은 경제학자는 릭스방크보다 6년 뒤에 영국에 설립된 잉글랜드은행을 현대적 의미의 첫 중앙은행으로 보고 있어요.

잉글랜드은행은 17세기 말, 영국이 프랑스와 '9년 전쟁'을 치르던 중에 생겨났어요. 9년 전쟁은 1688년부터 1697년까지 유럽 대륙을 휩쓸었던 전쟁으로, 프랑스를 상대로 영국과 신성 로마 제국, 스페인 연합이 맞붙었어요. 그런데 영국이 자랑하는 함대가 프랑스 해군의 공격을 받아 모조리 파괴되었어요. 영국이 함선을 다시 건조해 해군을 재건하려면 120만 파운드가 필요했지만, 오랜 전쟁으로 영국은 국고가 바닥을 드러내고 있었어요.▶

이때, 스코틀랜드 출신의 금융인 윌리엄 패터슨이 영국 왕 윌리엄 3세에게 거래를 제안했어요.

"120만 파운드를 빌려줄 테니, 은행을 설립하게 해주세요."

이게 끝이 아니었어요. 자신이 빌려준 120만 파운드를 담보로 은행권도 발행하겠다고 했어요. 이게 무슨 뜻일까요?

지금까지 은행은 자신들이 보유한 금이나 은을 담보로 은행권을 발행했다고 했잖아요? 그런데 패터슨은 한발 더 나아가 기상천외한 생각을 해냈어요. 영국 정부가 지금은 좀 궁핍해도 어차피 내년이나 내후년에 세금을 징수하면 120만 파운드는 충분히 갚을 수 있잖아요? 패터슨은 미래에 들어올 그 돈을 담보로 지금 좀 앞당겨서 지폐를 발행하겠다고 했죠. 금의 보유량만큼 지폐를 발행하는 것이나, 미래의 수익을 담보로 지폐를 발행하는 것이나 큰 차이가 없다는 주장이었어요.

돈이 급했던 윌리엄 3세는 이 제안을 받아들였어요. 이렇게 해서 탄생한 것이 잉글랜드은행이에요. 잉글랜드은행은 양손에 떡을 쥔, 이보다 더 좋을 수 없는 꿀 같은 거래를 했어요. 영국 정부로부터는 빌려준 돈의 이자를 받아 챙겼고, 발행한 은행권은 시민들에게 대출해 줘서 또 이자를 받았어요. 국가와 국민, 양쪽으로부터 이자를 받아 막대한 수익을 올렸죠.

이때부터 잉글랜드은행은 영국 정부가 돈 문제로 곤란을 겪을 때마다 숨통을 틔우는 구원 투수 역할을 했어요. 영국은 1844년, 은행 허가법을 제정해 잉글랜드은행에게 은행권을 발행할 수 있는 독점적인 권한을 부여했어요. 이후 다른 국가들도 잉글랜드은행을 모델로 삼아 중앙은행을 설립해 지폐를 발행하기 시작했고요.

이런 역사적인 이유로 지금도 영국의 지폐는 잉글랜드은행에서 발행해요. 동전은 영국 정부를 상징하는 왕실 주조국에서 따로 발행하고요. 미국도 동전은 정부가, 지폐는 중앙은행인 미 연방준비제도가 만들어요. 일본도 동전은 정부가, 지폐는 중앙 은행인 일본은행이 발행하고요. 반면, 우리나라는 한국은행에 서 동전과 지폐를 모두 만들어요. 그래서 우리나라 지폐와 동전 에는 '한국은행'이라는 글자가 적혀 있어요.

금 본위제는 너무 힘들어

IIIIIIIIIIIIIIIIIIIIIIIIIIIIIIIIIIIIIIIIIIIIIIIIIIIIIIIIIIIIIIIIIIIIIIIIIIIIII

1930년, 일본은행이 발행한 10엔짜리 지폐에는 다음과 같은 문 장이 적혀 있었어요.▶

이 10엔 지폐를 10엔의 금화로 바꿔드립니다.

바로 금 본위제를 상징하는 문장이에요. 일본 외에도 영국, 미국, 프랑스, 독일, 네덜란드, 스웨덴 등등, 이른바 당시 국제 사회에서 방귀 좀 뀐다는 강대국들은 예외 없이 금 본위제를 채 택했어요.

금 본위제는 꽤 우수한 화폐 제도예요. 금을 보유한 만큼만 화폐를 발행해야 하므로 강제적으로라도 돈의 가치를 안정적

노란색 네모 부분에 '이 10엔 지폐를 10엔의 금화로 바꿔드립니다'라고 쓰인
1930년 일본은행에서 발행한 10엔

으로 유지할 수 있어요. 돈의 가치가 금에 고정되는 거예요. 예를 들어 1900년대 금 1온스(약 28그램)는 미국에서는 약 20달러, 영국에서는 약 4파운드, 일본에서는 약 40엔이었어요. 이렇게 하면 국가 간에 화폐를 교환하는 비율인 환율까지 자동으로 고정돼요. 환율이 고정되면 국가 간 무역이 쉬워져요. 지금처럼 24시간 오르고 내리는 환율 변동 같은 건 신경 쓸 필요가 없으니까요. 하지만 1930년대를 기점으로 대부분 국가는 이 금 본위제를 포기했어요. 왜 그랬을까요?

금 본위제는 겉으로는 이상적인 화폐 제도 같지만, 현실은 그리 만만하지 않았어요. 국가가 돈을 써야 할 곳은 너무 많은 데 금은 턱없이 부족했으니까요. 태풍이나 지진 같은 자연재해가 발생하면 국가는 피해 시설을 복구하고 피해 주민에게는 지원금을 지급해야 해요. 또 글로벌 금융 위기와 같은 경기 침체기가 오면 국가 경제를 살리기 위해 돈을 찍어서 풀어야 해요. 최악의 상황은 전쟁이에요. 한 발에 수백만 원이 넘는 포탄과 수십억 원이 넘는 미사일, 한 대에 수백억 원이 넘는 전투기를 쏟아부어야 하는 전쟁은 돈 먹는 하마 정도가 아니라 밑 빠진 독에 물 붓기예요. 그래서 강대국들은 전쟁을 한번 치르면 습관처럼 금 본위제를 중단하곤 했어요.

세계 금 협회(WGC)에 따르면 인류가 지금껏 채굴한 금을 한곳에 모아도 올림픽 수영장 3.5개를 채우기에도 모자란다고 해요. 지금의 채굴 속도를 고려하면 인류는 20년 내로 나머지 금을 모두 캐내리라고 예상해요. ▶ 돈을 찍고 싶어도 금이 모자라서 손가락만 빨고 있어야 하는 현실인 거죠. 그래서 금 본위제를 '황금 족쇄'라고 부르는 경제학자도 있답니다.

미국은 마지막까지 금 본위제를 포기하지 않으려고 했어요. 그럴 만도 했어요. 제2차 세계대전이 끝나갈 즈음, 전 세계 금의 80%가 미국 재무부 금고에 얌전하게 보관 중이었거든요. 이 금은 미국 서부 금광에서 캐낸 것과 연합국인 영국, 프랑스 등에 무기와 식량을 지원하면서 대가로 받은 것들이었어요. 1944년 미국은 이 막대한 금 보유량을 믿고, 금 1온스에 35달러로 고정한다고 선언했어요. 이것을 '브레튼우즈 체제'라고 해요.

1960년대 미국은 베트남 전쟁에 참전했어요. 1~2년 내로 끝낼 수 있다는 미국의 장담과 달리 전쟁은 10년 넘게 이어졌어요. 전쟁이 길어지자 미국이 비축한 그 많은 금도 빠르게 바닥을 드러냈어요. 하지만 금이 없다고 돈을 안 찍으면 미국은 전쟁을 계속할 수 없었어요. 이왕 시작한 전쟁이니 무슨 수를 써서라도 이겨야 했기에, 미국은 보유한 금을 초과해서 달러를 찍어 냈어요. 그러자 눈치를 챈 유럽 국가들이 달러를 잔뜩 들고 와서 미국에 요구했어요.

"당장 달러를 금으로 바꿔줘!"

하지만 미국에는 바꿔줄 금이 없었어요. 결국 1971년 8월 15일, 미국 대통령 닉슨은 금 본위제를 포기한다고 선언했어요.

이것으로 금 본위제는 역사에서 완전히 자취를 감췄어요. 그동안 돈을 더 찍고 싶어도 금 본위제 눈치를 보느라 온몸이 근질근질했던 세계는 이제 언제든지 원하는 만큼의 돈을 발행할 수 있게 되었어요. 대신 금이 든든하게 보증해 주던 돈의 가치는 사라졌어요. 그 금의 역할을 국가가 대신하게 되었지요. 쉽

게 말해, 우리가 세종대왕 초상화가 그려진 녹색 종이를 만 원으로, 신사임당 초상화가 그려진 노란색 종이를 오만 원으로 사용할 수 있는 것은 국가가 보증하기 때문이에요.

돈은 어떻게 만들어질까?

정부는 국민으로부터 거둔 세금을 바탕으로 내년에 얼마를 지출할지 계획을 세워요. 군인들 월급은 얼마, 노인 복지에 얼마, 교육과 기술 연구 지원에 얼마 등등. 하지만 안타깝게도 이 계획대로 되는 경우는 거의 없어요. 자연재해, 전쟁, 코로나와 같은 팬데믹 상황처럼 국가가 추가로 돈을 써야 하는 돌발적인 상황이 늘 발생하기 때문이에요. 그 돈을 마련하는 방법은 하나뿐이에요. 바로 빌리는 것이죠.

개인 간에 돈을 빌릴 때는 차용증을 작성해요. 차용증에는 빌리는 돈(원금), 이자, 그리고 언제까지 갚겠다는 약속 등이 적혀 있어. 기업, 은행, 국가가 돈을 빌릴 때 쓰는 차용증은 '채권'이라고 해요. 은행이 발행한 채권은 은행채, 기업이 발행한 채권은 회사채, 그리고 국가가 발행한 채권은 국채라고 불러요.

새로운 돈의 발행은 이 국채와 밀접한 관련이 있답니다. 이해를 돕기 위해 미국을 예로 들어볼게요. 미국 정부가 100억 달

러쯤 필요하다고 쳐요. 미국 정부는 경제를 책임지는 재무부를 시켜서 100억 달러만큼의 국채를 발행하게 해요. 재무부가 발행했다고 해서 이 국채를 재무부 채권이라고도 불러요. 이 재무부 국채를 미국 중앙은행인 연방준비제도가 사들여요. 국채를 사들인다는 것은 '내가 그 돈 빌려줄게!'라는 뜻이에요. 즉, 연방준비제도가 미국 정부에 돈을 빌려주는 거예요. 그런데 100억 달러는 큰돈이에요. 연방준비제도는 그만한 돈이 없어요. 그럼

어떻게 빌려주죠? 우리는 연방준비제도가 미국에서 유일하게 돈을 찍을 수 있는 중앙은행이라는 사실을 명심해야 해요. 100억 달러를 새롭게 찍으면 문제는 간단히 해결돼요. 어쨌든 연방준비제도는 새롭게 찍어 낸 100억 달러를 국채(재무부 채권)와 맞교환해요. 이제 미국 정부가 그토록 원하던 100억 달러가 손에 들어왔어요. 다만, 이 돈은 연방준비제도에게 빌린 것이므로 미국 정부는 이자를 꼬박꼬박 연방준비제도에 지급해야 할 의무가 있어요.

이렇게 많은 국가가 국채를 통해 새로운 돈을 발행해요. 미국이 재무부가 발행한 국채를 연방준비제도가 사들여서 달러를 발행한다면, 일본은 재무성이 발행한 국채를 일본은행이 사들여서 엔화를 발행해요. 우리나라도 다르지 않아요. 대한민국은 기획재정부가 발행한 국채를 한국은행이 사들이면서 새로운 원화를 발행해요.

신용카드의 등장

"복통약 사세요, 구충약도 있어요."

19세기, 일본 도야마현에는 보부상처럼 약을 짊어지고 마을을 돌아다니는 약장수들이 있었어요. 그러니까 일종의 방문 판매였어요. 하지만 약은 기대한 만큼 팔리지 않았어요. 그래서 약장수들은 새로운 판매 방식을 생각해 냈어요. 약을 먼저 써본 다음, 나중에 쓴 만큼 돈을 받아내는 방식이었어요. 약장수들은 복통약, 위장약, 구충약, 설사약 등이 잔뜩 든 가정 상비약 통을 어느 집에 맡겼어요. 그리고 몇 달 뒤에 그 집을 다시 방문해 그동안 사용한 양만큼 약값을 받았어요. 그런 뒤에 다시 그만큼의 약을 보충해 주고 떠났어요.

물건을 먼저 고객에게 제공하고 사용한 양만큼 값을 받아내는 이 시스템은 당시에는 상당히 파격적이고 시대를 앞서가는 판매 방식이었어요. 물건값을 나중에 받는 후불제였던 거예요.

얼마 뒤, 근대화가 진행되면서 자동차나 재봉틀과 같은 첨단 물품이 생산되었어요. 이런 물건은 회충약과는 비교할 수 없을 만큼 비싸서 서민들은 물건값을 한꺼번에 낼 수 없었어요. 그래서 만들어진 것이 물건값을 여러 번 나누어서 내는 방식, 즉 할부였어요.

후불제와 할부는 기본적으로 '외상'이에요. 판매자는 아무에게나 덥석 외상을 주지 않아요. 그 사람이 나 몰라라 하며 돈을 갚지 않으면 손해니까요. 그래서 자주 거래하는 단골손님이나, 직업이 확실하고 적지 않은 재산을 가진 신용이 있는 사람에게

만 외상을 허락했어요. 이런 신용을 바탕으로 만들어진 결제 수단이 신용카드예요.

20세기가 되자, 미국의 석유 회사와 호텔, 택시 회사는 비용을 후불로 낼 수 있는 종이로 만든 신용카드를 만들었어요. 전보 요금을 후불로 낼 수 있는 신용카드도 만들어졌고요.

그런데 이런 신용카드들은 서로 호환이 되지 않았어요. 예를 들어, 석유 회사가 발행한 신용카드로는 택시를 탈 수 없고 전보도 칠 수 없었어요. 어쩔 수 없이 사람들은 지갑에 여러 장의 신용카드를 넣고 다녀야 했어요.

1949년 어느 날, 미국인 사업가 프랭크 맥나마라는 뉴욕의 고급 레스토랑에서 식사를 마친 뒤 계산을 하려다 자신이 지갑을 두고 온 사실을 깨달았어요. 뒤늦게 연락을 받은 아내가 지갑을 갖고 왔지만 맥나마라는 사람들 앞에서 망신을 톡톡히 당

편지보다 빠른 전보
인터넷은커녕 유선 전화도 귀했던 시절에 급한 소식을 전하려면 우체국에서 제공하는 전보를 이용하곤 했어요. 전보는 모스 부호로 메시지를 전달하는 방식이어서 전달 속도가 편지보다 빨랐어요. 대신 가격이 비쌌어요. 글자 수만큼 요금을 받아서, 사람들은 돈을 아끼기 위해 최대한 짧게 메시지를 쓰곤 했어요.

했어요. 두 번 다시 이런 치욕을 겪고 싶지 않았던 맥나마라는 현금이 없어도 밥값을 지불할 수 있는 신용카드를 하나 만들었어요. 이것이 현대적 의미의 첫 신용카드이자, 종이로 만든 다이너스 클럽Diners Club이에요. 다이너스diners는 '식사를 하는 사람들'이란 뜻이에요.

1950년 2월, 맥나마라는 몇 달 전 개망신을 당했던 그 레스토랑에 다시 나타났어요. 그는 느긋하게 식사를 마친 다음 보란 듯이 다이너스 클럽 카드로 밥값을 계산했어요. 지금도 다이너스 클럽 홈페이지에는 이날의 식사를 '첫 번째 만찬'으로 기록하고 있어요.▶

사실 다이너스 클럽의 시작은 소박했어요. 회원은 고작 수백 명이었고, 신용카드를 받아주는 레스토랑은 28개에 불과했어요. 하지만 입소문을 타면서 다이너스 클럽 회원은 서서히 늘어났어요. 호텔과 렌터카, 그리고 꽃집까지 다이너스 클럽 신용카드를 받아주기 시작했어요.

1959년, 미국 금융 기업 아메리칸 익스프레스는 최초로 플라스틱 신용카드를 만들었어요. 그리고 1970년대가 되자 개인 정보가 담긴 검은 마그네틱 선을 넣은 신용카드가 처음 선을 보였어요. 오늘날 신용카드는 디지털 지갑에 통합되거나, 스마트폰으로도 사용할 수 있게 되었어요.

현재 지구상에는 약 28억 장의 신용카드가 사용되고 있으며, 일곱 명 중 한 명 꼴인 12억 명이 최소 한 장의 신용카드를 가지고 있어요. 신용카드는 돈은 아니지만, 현금이 없어도 물건을 구매하고 서비스를 이용할 수 있는 편리한 결제 수단이에요. 또 이용 금액의 일정 비율을 포인트로 적립했다가 나중에 현금으로 전환할 수도 있으며, 세금을 신용카드로 납부하면 혜택을 받을 수도 있어요. 하지만 신용카드를 사용하면 당장 내 지갑이나 은행 계좌에서 돈이 빠져나가지 않기 때문에 자칫 과소비로 이어질 수 있어요. 이렇게 신용카드는 편리함과 과소비라는 두 얼굴을 갖고 있어요. 현명하게 소비하는 자세가 필요해요.

연방준비제도 뒤에는 거대 유대인 세력이 있다고?

미국의 중앙은행인 연방준비제도(줄여서 연준)는 오랫동안 사람들의 입방아에 올랐어요. 연준의 뒤에 거대 유대인 금융 세력이 있으며, 이들이 연준을 배후에서 조종해 세계 경제를 장악하려 한다는 유대인 배후설이에요.

일반적으로 중앙은행은 돈벌이가 목적이 아닌 공적 업무를 수행하기 위해 설립된 기관이에요. 그런데 연준은 돈을 버는 것이 목적인 민간 은행, 즉 사기업이라는 의혹을 받고 있어요. 연준은 매년 엄청난 양의 달러를 발행해 미국 정부에 빌려주고 그 대가로 이자를 챙겨 큰 수익을 올리는데, 그 돈이 이 민간 은행의 주인인 유대인의 주머니로 흘러 들어간다는 거죠.

이런 의혹 중에는 분명 사실인 것도 있지만 과장된 부분도 있고, 왜곡된 내용도 있어요. 우선, 연준이 민간 은행이라는 것은 정확한 표현이 아니에요. 연준은 크게 연방준비제도이사회, 연방공개시장위원회, 연방준비은행, 이렇게 3개 기구로 구성되어 있어요. 이 중에서 연방준비은행만이 민간 은행, 즉 사기업이에요.

그런데 연준의 최고 핵심 기구는 연방준비은행이 아니라 연방준비제도이사회예요. 연방준비제도이사회는 미국 대통령이 지명하는 일곱 명으로 구성돼요. 엄연한 연방 정부 기관이지요. 또 다른 기구인 연방공개시장위원회는 6주마다 열리는 회의를 말해요. 이 회의에는 12인이 참석해서 중요한 경제 정책을 과반수 투표로 결정하는데, 열두 명 중에서 연방준비은행 측 사람은 다섯 명이고, 나머지 일곱 명은 앞에서 말한 연방준비제도이사회 사람들이에요.

연준은 연방준비제도이사회(정부 기관), 연방공개시장위원회(민간 은행+정부 기관), 연방준비은행(민간 은행)으로 구성된, 민간

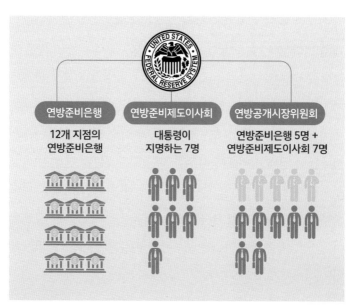

연방준비제도

과 정부 기관이 절묘하게 결합한 조직이에요. 더 정확하게는 정부 기관이 중요한 결정을 내리면 민간 은행이 그 결정을 집행하는 구조예요. 따라서 유대인 세력이 연준을 배후에서 지배한다는 주장은 설득력이 떨어져요.

가장 논란이 되는 연방준비은행은 주식회사 형태예요. 이 회사의 주식을 보유한 주요 주주들이 유대인 자본이 세운 은행들인 것은 맞아요. 하지만 이 은행들은 일반 기업의 주주와 달라요. 철저하게 연방준비제도이사회의 통제를 받아요.

연준은 이익 일부를 주주인 은행들에 배당금으로 지급하는데 수익의 약 94%를 재무부, 즉 미국 정부에 다시 돌려줘요. 이 부분이 좀 생뚱맞죠? 예를 들자면 내가 철수에게 돈을 빌리면서 이자를 꼬박꼬박 줬는데, 나중에 철수가 그 이자를 대부분 내게 돌려주는 거니까요. 그런데 그게 미국 법이에요. 연준은 벌어들인 전체 이익에서 사무실 운영비와 직원들 급료, 그리고 주주들에게 지급할 배당금 6%를 제외한 나머지 이익은 미국 정부에 반환해야 해요. 물론 6%의 배당금도 결코 적은 금액은 아니지만, 유대인이 연준을 조종해서 배를 불린다는 주장은 과잉 해석이에요.

　게다가 연준은 매년 45만 시간을 감사받는 데 사용하고 있어요. 감사가 끝난 연준의 재무제표와 연준 회의록도 대중에게 완전히 공개되고요. 연준은 비밀스러운 조직이 아닐뿐더러, 연준을 둘러싼 유대인 배후설도 말 부풀리기 좋아하는 사람들이 만들어 낸 음모론으로 보는 게 타당해요.

물에 뜨는 동전

17세기에 만들어진 상평통보는 조선을 대표하는 엽전이에요. 상평통보는
일정한 가치를 유지하며 통용되는 화폐란 뜻이에요. 하지만 현실은 그렇지
못했어요. 원인은 구리였어요.

상평통보는 구리로 만든 동전이에요. 조선에 상평통보를 유통하려면 최소
40만 근의 구리가 필요했지만, 조선은 구리가 풍부한 나라가 아니었어요.
조선의 구리 광산에서 하루에 채굴되는 구리는 고작 130근에 불과했어요.
동전 제작에 필요한 구리가 모자라자 궁궐에 있는 구리 100근을 긁어모아
보태기도 했고, 구리가 들어간 유기그릇을 백성들이 사용하지 못하도록
금지시켰어요.

동전만이 아니었어요. 당시 조선은 임진왜란과 병자호란을 겪은 직후여서
국방력 강화가 시급했어요. 무너진 성을 보수하고 칼과 창, 화포도
만들어야 했는데, 이런 무기를 제작하는 데도 구리가 사용되었어요.
그래서 조선은 거의 모든 구리를 일본에서 수입했어요. 당시 일본은
세계적인 구리 수출국이었거든요.

상평통보

하지만 시간이 흐르면서 구리 수입도 점점 어려워졌어요. 구리를 원하는
국가가 한둘이 아니었거든요. 중국에 이어 유럽까지 일본의 구리를
원하면서 조선은 이들과 치열한 구리 수입 경쟁을 벌였어요.
구리가 귀해지자 조선 정부는 상평통보 제조에 드는 비용을 조금이라도
아끼려고 했어요.▶ 생각해 낸 방법이 인건비, 즉 동전 제조 기술자들에게
주는 급료를 줄이는 것이었어요. 기술자들이 받는 급료는 상평통보
제작 비용의 약 20%였다고 해요. 조선 정부는 기술자에게 상평통보를
만들고 남은 자투리 구리로 다시 동전을 만들게 한 다음 그것으로 급료를
대신했어요.

"당신이 받을 급료는 당신이 만들어서 가져가!"

이 제조 방식을 '협주', 협주로 제작한 상평통보를 '협전'이라고 불렀어요.
협전은 얼핏 봐서는 진짜 상평통보와 매우 비슷해서 구별이 쉽지
않았어요. 하지만 협전은 구리 함량은 대폭 줄이고 싸구려 잡철을 섞은 질
낮은 동전이었어요. 물에 뜨는 협전이 있을 정도였어요.
백성들은 구리 순도가 낮은 협전을 악전惡錢이라 부르며 쓰기를
거부했어요. 처음에는 모른 척하던 조선 정부도 백성들의 항의가 빗발치자
1789년 마침내 두 손을 들었어요. 협전 제조는 중단되었어요.

물가는 왜
오르기만 하는
걸까?

예수와 그를 따르는 오천 명의 군중이 갈릴리 호수에 다다를 즈음 해가 저물었어요. 슬슬 저녁 식사를 해야 하는데, 이 많은 사람을 먹이려면 은화 200데나리온이 필요했어요. 당시 200데나리온은 노동자 200일 치 급여와 맞먹는 큰돈이었어요. 하지만 그들은 가난했고, 그들이 가진 식량은 보리빵 다섯 개와 물고기 두 마리뿐이었어요. 이를 지켜본 예수가 마술처럼 빵과 물고기를 잔뜩 만들어내어 오천 명을 먹였어요. 성경에 나오는 유명한 '오병이어' 이야기예요. 오병이어五餠二魚란, '빵 다섯 개와 물고기 두 마리'란 뜻이에요.

정말로 예수가 빵 다섯 개와 물고기 두 마리로 오천 명을 먹였는지는 알 수 없어요. 종교에 얽힌 초자연적 이야기에는 상징적인 의미가 담겨 있곤 하니까요. 그런데 현대 사회에서는 오병이어와 비슷한 기적이 매일 일어나고 있어요. 이를 테면 1만 원으로 10만 원을, 100만 원으로 1500만 원을 만들어내는 것들 말이에요. 이것은 마법도 아니고 불법도 아니에요. 완벽하게 합법적이며, 경제 교과서에도 버젓이 실려 있는 내용이에요. 경제학에서는 이것을 '신용 창조'라고 불러요.

짜장면과 인플레이션

여기 선발 투수 두 명이 있어요. 첫 번째 투수의 연봉은 5천만 원이고, 두 번째 투수의 연봉은 1억 원이에요. 같은 선발 투수여도 연봉이 다른 이유는 선수의 몸값, 그러니까 가치가 다르기 때문이에요. 두 번째 투수의 가치가 첫 번째 투수보다 두 배 높다고 볼 수 있어요. 이것이 우리가 앞에서 살펴본 화폐의 가치 척도 기능이에요.

　이 기능은 짜장면 같은 음식에도 적용할 수 있어요. 동네 중국집 짜장면 가격은 7000원인데, 삼선짜장면은 1만 2000원이에요. 아무래도 비싼 해산물이 들어간 삼선짜장면의 가치가 일반 짜장면보다 높겠죠. 이렇게 가치가 높으면 가격도 올라가요. 그렇다면, 그 반대도 가능할까요? 그러니까 가격이 높으면 가

치도 높아질까요?

아뇨, 항상 그렇지는 않아요.

1970년대에는 짜장면 한 그릇이 100원이었어요. 지금은 7000원이니까 50년 만에 가격이 70배나 오른 거예요. 하지만 그렇다고 해서 지금 짜장면이 70년대 짜장면보다 70배쯤 고급

스러워졌거나 맛있어진 것은 아니에요. 짜장면의 맛이나 재료, 조리법은 50년 동안 별반 달라지지 않았으니까요. 짜장면의 가치가 올라간 게 아니에요. 시간이 흐르면서 돈의 가치가 떨어진 것뿐이에요. 경제학에서는 이것을 '인플레이션'이라고 불러요.

인플레이션이
발생하는 이유

2016년, 뉴욕 브로드웨이 인기 뮤지컬 〈해밀턴〉의 제작사는 좌석 가격을 올린다고 발표했어요. 가장 잘 보이는 프리미엄 좌석은 475달러에서 무려 80%나 오른 849달러로, 구석의 가장 후미진 좌석도 139달러에서 177달러로 가격이 올랐어요. 849달러는 우리 돈으로 100만 원이 넘는 큰돈이에요.

뮤지컬 좌석 가격이 오른 이유는 경제학에서 수요 공급의 법칙으로 설명할 수 있어요. 수요 공급의 법칙은 어떤 상품이나 서비스의 수요가 늘면 가격이 상승하고, 공급량이 늘면 가격이 하락하는 것을 말해요. 〈해밀턴〉을 공연하는 극장 좌석은 2000석 정도인데, 뮤지컬을 관람하기 원하는 사람들은 너무 많았어요. 즉, 수요가 늘어서 가격이 오른 거예요.

사실, 849달러가 아니라 5000달러였더라도 관객들은 기꺼이 그 돈을 지급했을 거예요. 왜냐하면 암표 시장에서는 무려 2만 달러(약 2천 6백만 원)에 거래되고 있었으니까요. 이렇게 수요가 가격을 올리는 현상을 수요 견인 인플레이션이라고 해요. '견인'이란 '끌어당긴다'라는 뜻이에요. 수요 견인 인플레이션은 보통 경기가 좋을 때 자주 발생해요. 경기가 좋다는 것은 사람들의 소득이 늘어난다는 뜻이고, 소득이 늘면 그만큼 씀씀이도 커지는 법이니까요.

인플레이션을 발생시키는 두 번째 원인은 공급이에요. 빵을 만드는 기업을 생각해 볼까요? 빵은 밀가루로 만들어요. 그런데 전 세계적으로 밀가루 수확량이 감소하면 밀가루가 귀해져 밀가루 가격이 상승해요. 밀가루 가격이 상승하면 빵을 만드는 비용이 상승하겠죠. 빵을 만드는 기업은 손해를 보지 않으려고 빵값을 올릴 거예요. 이것을 비용 인상 인플레이션이라고 해요.

대표적인 비용 인상 인플레이션으로는 '오일 쇼크'와 '우드 쇼크'가 있어요. 오일 쇼크oil shock는 1970년대 중동 산유국들이 원유 가격을 두 차례 인상하면서 석유와 관련된 제품, 교통비, 냉난방비가 동시에 오른 현상이에요. 우드 쇼크wood shock는 코로나19 사태로 미국과 캐나다에서 목재 생산이 감소하면서 국제 목재 가격이 급등한 사건이에요. 우드 쇼크로 가장 큰 타격을 입은 곳은 일본이었어요. 아파트와 같은 콘크리트 주택

이 대부분인 한국과 달리 일본 주택의 60%는 나무로 만든 목조 건물이었어요. 집을 짓는 재료인 목재 가격이 오르자 일본의 주택 가격도 큰 폭으로 올랐지요.

물가가 오른다는 건 유쾌한 일이 아니에요. 장바구니 물가가 상승하면 예전보다 지출이 늘어나니까요. 다행히 이런 수요 견인 인플레이션이나 비용 인상 인플레이션은 단기적인 현상이에요. 경기는 호황과 불황을 왔다 갔다 하기 때문에 계속 좋을 수도 없고, 계속 나쁠 수도 없어요. 원자재나 식량 가격이 상승해도 시간이 지나면 제자리를 찾아가기 마련이에요.

그런데도 물가는 쉼 없이 올라요. 지구촌 어딘가에서 전쟁과 테러가 일어나도 물가는 오르고, 세상이 잠잠해도 물가는 올라요. 김밥 한 줄 가격, 교통비, 학원비, 커피 한 잔 값, 아파트 값 등등, 대한민국 건국 이래로 오르지 않은 상품과 서비스를 찾아볼 수 없어요.

우리나라만 그런 게 아니에요. 거의 모든 국가에서 물가가 지속적으로 오르고 있어요. 이런 현상은 수요 견인 인플레이션이나 비용 인상 인플레이션만으로 설명할 수 없어요. 인플레이션을 발생시키는 또 다른 이유가 있기 때문이에요.

원인은 돈!

돈 자체가 늘어났기 때문이에요.

범인은 돈
||||||||||||||||||||||||||

16세기, 스페인이 점령한 식민지 땅에서 대규모의 금광과 은광이 발견되었어요. 스페인 국민은 로또 1등에 당첨이라도 된 듯 흥분했죠. 당시 유럽은 동전의 재료인 금과 은을 얼마나 확보하느냐에 따라 국력이 결정된다고 믿고 있었거든요. 하지만 스페인이 꿈꿨던 아름다운 미래는 열리지 않았어요. 신대륙에서 캐낸 많은 금과 은이 들어오자, 스페인은 물론 유럽 전역에서 갑자기 물가가 뛰기 시작했거든요. 이 사건을 '가격 혁명'이라고 불러요.

하지만 가격 혁명이라고는 해도 150년 동안 물가가 3~5배가량 오른 정도였어요. 이것은 매년 1.5% 정도의 물가 상승률에 불과해요.

"음, 안정적인 것 아닌가요?"

지금이라면 매우 칭찬할 만한 수준이에요. 하지만 500년 전유럽인들에게는 충격적인 물가 상승률이었어요. '인플레이션'

인플레이션이라는 용어는 언제부터 사용했을까?

인플레이션inflation의 어원은 '부풀리다'라는 뜻의 라틴어 인플라레inflare예요. 19세기 중반, 미국에서 남북전쟁이 발생했어요. 미국이 남부와 북부로 갈리어 싸웠지요. 북부를 이끌던 링컨은 막대한 전쟁 비용을 마련하기 위해 '그린백'이라는 지폐를 대량으로 찍어 냈어요. 그린백은 금으로 바꿔주지 않는 가치 없는 지폐였기 때문에 미국 물가는 크게 상승했어요. 물가가 마치 풍선처럼 부풀어 올랐다고 해서 이때부터 인플레이션이라는 단어를 사용했어요.

초록색 잉크로 찍은 그린백

이라는 용어조차 없던 시절이었으니까요.

한 번도 경험하지 못한 현상에 전 유럽은 당황했어요.

"아니, 왜 물가가 오르는 거야?"

하지만 누구도 그 원인을 명쾌하게 설명하지 못했어요. 그때, 프랑스 변호사 장 보댕이 신대륙에서 들어온 금과 은이 물가 상승의 원인이라고 지적했어요.▶ 보댕은 양팔 저울을 예로 들어 자신의 주장을 설명했어요. 저울 오른쪽 접시에는 돈을, 왼쪽 접시에는 이 돈으로 살 수 있는 빵(상품)을 올려놓아 균형을 맞춰요. 그런데 돈을 얹은 접시에 신대륙에서 들어온 금과 은으로 만든 동전을 더 얹으면 어떻게 될까요? 빵을 얹은 접시가 위로 올라갈 거예요. 이것이 물가 상승이에요. 인플레이션의 주범은 늘어난 돈이었던 거예요.

그로부터 400년 뒤인 1969년, 미국인 경제학자 밀턴 프리드먼도 보댕과 같은 주장을 했어요.

"인플레이션은 화폐적 현상이다."

한 나라의 상품과 서비스 양은 그대로인데, 돈만 늘어나면

화폐 가치가 하락해 물가가 오른다는 뜻이에요. 요약하면, 국가가 돈을 너무 많이 찍었다는 뜻이지요. 1971년을 끝으로 금 본위제가 폐지되면서, 미국을 비롯한 전 세계는 고삐가 풀린 듯 돈을 마구마구 발행했어요. 그 결과 통화량이 빠르게 증가했어요. 통화량은 현금과 은행 예금을 합한 돈의 양을 말해요.

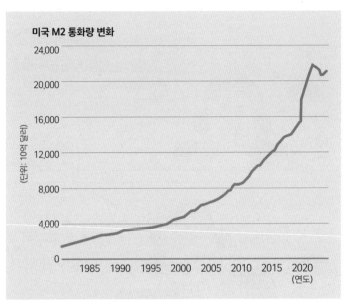

미국 M2 통화량 변화

24,000

20,000

16,000

(단위: 10억 달러)

12,000

8,000

4,000

0

1985 1990 1995 2000 2005 2010 2015 2020
(연도)

빠르게 증가하는 미국 통화량

통화량이 늘어날수록 미국 달러는 가치가 곤두박질쳤어요. 예를 들어 1933년의 미국인은 1달러로 맥주 10병을 마실 수 있었지만, 21세기의 미국인은 그 돈으로 맥도날드에서 커피 한 잔을 겨우 마실 수 있어요. 맥주와 커피의 가치는 90년간 거의 변하지 않았지만, 달러의 가치가 떨어졌기 때문이에요. 미국 노동통계국 발표에 따르면 1971년 이후 미국 달러 가치는 87%나 감소했어요.

대한민국 사정도 미국과 별반 다르지 않았어요. 우리나라의

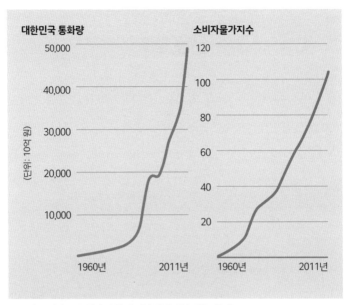

대한민국 통화량

50,000

40,000

30,000

(단위: 10억 원)

20,000

10,000

1960년   2011년

소비자물가지수

120

100

80

60

40

20

1960년   2011년

꾸준히 증가하는 통화량과 함께 비슷하게 상승하는 물가

지속적인 물가 상승은 통화량 증가와 관련이 있어요. 2024년 기준 대한민국 통화량은 약 4013조 원이에요. 그런데 흥미로운 것은 지금부터예요. 한 나라의 돈은 오직 중앙은행이 발행할 수 있다고 배웠죠? 그렇다면 4013조 원도 중앙은행인 한국은행이 찍어 낸 돈이겠네요? 하지만 그렇지 않아요. 이 많은 돈 중에서 한국은행이 발행한 돈은 7%도 되지 않아요. 이상하게 들리겠지만 사실이에요. 그럼 나머지 그 많은 돈은 대체 누가, 어떻게 만들었을까요?

현대판 오병이어의 기적, 신용 창조

|||||||||||||||||||||||||||||||||||||||||||||||||||||||||||||||||||||||||||

여기 가상의 어떤 나라가 있어요. 오늘 이 국가의 중앙은행이 100만 원을 발행했어요. 중앙은행이 발행한 돈을 '본원 통화'라고 해요. 하지만 이 국가의 통화량은 아직 '0원'이에요. 본원 통화가 중앙은행의 문턱을 넘어 밖으로 나가는 순간에야 비로소 통화량으로 집계되거든요.

본원 통화 100만 원은 중앙은행을 나와서 백만희 씨의 주머니로 들어갔어요. 이제 이 국가의 공식적인 통화량은 100만 원이 되었어요. 백만희 씨는 은행에 가서 100만 원을 예금했어요. 통화량은 변함없이 100만 원이에요. 통화량은 현금과 은행 예금을 합한 금액이라고 했죠? 백만희 씨 주머니에 든 현금 100만 원이 예금 100만 원으로 이름만 바뀌었으니 통화량은 변화가 없어요.

잠시 뒤, 오대출 씨가 은행에 들어왔어요. 자동차를 사고 싶은 오대출 씨는 은행에서 돈을 빌리려고 해요. 은행은 마침 백만희 씨가 예금한 100만 원을 갖고 있으니 돈을 빌려줄 수 있어요. 그런데 100만 원 전부를 빌려줄 수는 없어요. 은행은 고객이 예금한 돈에서 일정 부분은 반드시 남겨둬야 하거든요. 전부 빌려주면 나중에 고객이 돈을 일부 찾으러 왔을 때, 지급하지 못할 수 있으니까요. 이렇게 고객이 예금한 돈에서 남겨두는 비율을 지급 준비율이라고 해요. 이 나라의 지급 준비율은 10%라고 쳐요. 그럼 은행은 100만 원의 10%인 10만 원은 남겨두고, 나머지 90만 원까지만 빌려줄 수 있어요. 그래서 오대출 씨는 은행으로부터 90만 원을 대출받았어요.

여기서부터가 중요해요. 은행은 돈을 대출해 줄 때 현금으로 주지 않고 돈을 빌리려는 사람의 예금 계좌로 입금해요. 그래서 은행은 오대출 씨 계좌로 90만 원을 입금했어요. 그 순간, 통화량은 갑자기 190만 원이 됐어요. 왜일까요? 100만 원은 백만희 씨의 예금이고, 90만 원은 오대출 씨의 예금이기 때문이에요. 즉, 두 사람의 예금액을 더하면 190만 원, 따라서 통화량은 190만 원이 되었지요.

이거 좀 이상하지 않나요? 실제 돈은 100만 원에서 단 한 푼도 늘지 않았는데, 대출하는 순간 갑자기 돈의 양(통화량)이 증가해 버렸으니까요. 은행이 대출이라는 과정을 통해서 없던 돈을 만들어낸 거예요. 무에서 유를 창조하듯 말이에요. 이것을 신용 창조라고 해요. 대출자가 빌린 돈을 갚겠다는 신용(약속)을 전제로 만들어진 돈이라는 뜻이에요. 그래서 오대출 씨가 빌린 90만 원을 은행에 갚으면 통화량은 다시 100만 원으로 줄어들어요.

실제 돈은 현금 100만 원뿐이지만 두 사람이 190만 원을
사용할 수 있어요.

은행이 오대출 씨 계좌에 입금한 90만 원은 사실 은행 대출
계 직원이 컴퓨터 자판을 두드려 입력한 숫자예요. 오늘날 우리
는 현금을 거의 사용하지 않아요. 모바일 페이, 신용카드, 인터
넷 뱅킹 등등, 우리가 지급하고 거래하는 돈 대부분은 숫자 형
태로 움직이고 있어요. 이렇게 현금을 사용하지 않는 사회를
'캐시리스 사회'라고 해요. 대한민국에서 현금으로 결제를 하지
않는 비율은 무려 94%라고 해요.

오대출 씨는 대출받은 90만 원으로 최신차 씨로부터 자동
차를 샀어요. 최신차 씨는 그 90만 원을 은행에 예금했어요. 잠
시 뒤, 금은동 씨가 돈을 빌리러 은행에 들어왔어요. 은행은 최
신차 씨가 예금한 90만 원 중에서 지급 준비율 10%인 9만 원은
남겨두고 81만 원까지 빌려줬어요. 금은동 씨의 계좌에 81만
원이 입금되는 순간 통화량은 271만 원으로 늘어났어요.

190만 원+ 81만 원=271만 원

이런 과정이 무한 반복된다면 통화량은 최대 1000만 원까지 늘어나요. 애초에 중앙은행이 발행한 본원 통화는 100만 원인데, 최대 10배까지 불어날 수 있는 거예요. 지급 준비율이 낮을수록 통화량은 더욱 늘어나요. 그만큼 은행은 더 많은 돈을 빌려줄 수 있으니까요. 만일 지급 준비율이 5%면 통화량은 최대 2000만 원이 되고, 지급 준비율이 1%가 되면 통화량은 최대 1억 원이 돼요. 무려 100배나 늘어나는 거예요. 이 정도면 빵 다섯 개와 물고기 두 마리로 오천 명을 먹였다는 오병이어의 기적 못지않죠?

정부는 인플레이션을 좋아해

중앙은행이 존재하는 가장 큰 이유는 물가 안정이에요. 화폐 발행보다 훨씬 중요해요. 한국은행법 제1조 제1항은 한국은행을 설립한 목적이 '물가 안정'이라고 명확하게 밝히고 있어요. 그런데 '물가 안정'이라는 용어는 종종 우리에게 오해를 불러일으켜요.

물가 안정은 물가 상승률이 0%라는 의미가 아니에요. 한국은행의 물가 상승률 목표치는 2%, 그러니까 작년보다 물가가 2% 정도 오른 수준을 유지하는 거예요. 이렇게 중앙은행이 물가 상승률 목표치를 설정하고 이에 맞춰 펼치는 경제 정책이 물가 안정 목표제예요.

물가 상승률 목표치는 각 나라가 처한 경제 상황에 따라 달라요. 물가가 비교적 안정적인 대한민국, 미국, 일본, 뉴질랜드, 스웨덴은 목표치가 2%예요. 매년 물가 상승률이 10%를 넘나드는 칠레, 콜롬비아, 코스타리카, 조지아, 헝가리, 멕시코의 목표치는 3%예요. 반면, 매년 수십 퍼센트의 인플레이션으로 골머리를 앓는 튀르키예, 벨라루스, 감비아, 우크라이나 등은 5%로 목표치를 훨씬 높게 잡아요.

1990년, 뉴질랜드가 물가 안정 목표제를 처음 실시했어요. 당시 뉴질랜드는 목표 물가 상승률을 2%로 설정했어요. 그런데 이 2%라는 수치는 어떤 심오한 의미가 담긴 것도 아니고, 과학적 데이터에 의한 것도 아니었어요.▶ 우연히 어쩌다 보니, 아주 이상하게 설정되었죠. 당시 뉴질랜드는 15%까지 치솟은 물가로 곤욕을 치르고 있었어요. 뉴질랜드 정부는 재무 장관에게 물가 상승률을 얼마까지 낮출 수 있느냐고 물었어요. 재무 장관 데이비드 케이길은 깊게 생각하지 않고 대답했어요.

"글쎄요, 뭐 0~1% 정도?"

"좋습니다. 하지만 그 약속을 지키지 않으면 중앙은행 총재는 해고를 각오해야 할 겁니다."

"해… 해고요?"

그제야 재무 장관은 너무 낮게 부른 건 아닌지 후회했어요. 그래서 얼른 목표치를 조금 올렸어요.

"새… 생각해 보니 2%가 적절할 것 같습니다!"

하지만 이 소식을 들은 뉴질랜드 중앙은행 당사자들은 한숨을 쉬었다고 해요.

"2%라니! 그게 가능할 리 없잖아!"

이 사건을 계기로 다른 나라 중앙은행도 2%를 물가 안정 목표치로 내걸면서 2%는 전 세계 중앙은행이 목표로 삼는 '가장 이상적인 수치'가 되었어요.

언론과 경제 전문가들은 입을 모아 인플레이션이 좋지 않다고 말해요. 유명한 경제학자, 밀턴 프리드먼은 인플레이션을

'질병'으로 표현했고, 미국 대통령이었던 레이건은 1982년 대
국민 연설에서 '인플레이션은 경제를 악화시키는 바이러스'라
고 표현했어요. 그런데 좀 이상하지 않나요? 인플레이션이 그
렇게 나쁜 것이라면 중앙은행은 왜 물가 상승률 목표를 0%로
잡지 않을까요? 그 이유는 물가 상승률이 0이거나, 0에 근접하

면 자칫 물가가 하락하는 디플레이션 현상이 발생할 수 있기 때문이에요.

"아니, 디플레이션이 뭐가 어때서? 비싸게 사는 것보다 싸게 사는 게 더 좋은 거 아냐?"

언뜻 생각하면 디플레이션이 인플레이션보다 백배는 나은 것처럼 보여요. 싸게 살 수 있으니까요. 하지만 이것은 아주 위험한 환상이에요. 디플레이션이 지속되면 사람들은 최대한 애를 써서 소비를 뒤로 미뤄요. 오늘보다는 내일, 내일보다는 모레가 더 싸질 텐데 급하게 구매할 이유가 없으니까요.

게다가 돈의 가치가 하락하는 인플레이션과 반대로 디플레이션이 되면 돈의 가치가 상승해요. 그럼 돈을 모아 두는 편이 유리하겠죠? 사람들은 저축을 늘리고 지출은 줄일 거예요.

이렇게 사람들이 지갑을 닫으면 물건이 안 팔리고, 물건이 안 팔리면 기업은 손실이 늘어나요. 기업은 손실을 줄이기 위해 직원을 해고하거나, 최악의 경우 문을 닫을 수도 있어요. 거리에는 실업자가 넘쳐나고, 상가에는 셔터를 내린 점포들이 늘어나면서 활기가 없어져요. 이것이 경기 불황이고, 디플레이션이 인플레이션보다 훨씬 위험한 이유예요.

그래서 정부는 디플레이션보다는 적당한 인플레이션을 원해요. 물가가 너무 과하지 않은 수준으로 오르면 국민은 적극적으로 돈을 써요. 오늘보다 내일이 더 비싸질 테니까요. 물건이 잘 팔리면 기업의 수익이 늘고, 실적이 좋아진 기업은 직원들의 급여를 인상하거나 더 많은 사람을 채용할 거예요. 일자리도 늘고, 지갑이 두둑해진 국민은 다시 지출을 늘리고, 그러면 기업은 물건을 더 많이 팔고…. 이런 긍정적인 선순환 구조가 형성될 수 있어요.

실제로 어느 나라의 경기가 좋으면 인플레이션은 자연스럽게 발생해요. 우리나라처럼 무역을 많이 하는 국가는 수출이 늘어나면 해외로부터 돈이 많이 들어와서, 국민은 여유가 생기고 소비를 늘려요. 소비가 증가하면 물가는 상승해요. 또 국민의 소득이 증가하면 정부의 세금 수입도 덩달아 늘어나서 정부 곳간도 풍성해져요. 그럼 정부는 국민이 싫어하는 세금을 더 올리지 않아도 돼요. 이러니 정부는 사실 인플레이션을 좋아하겠죠? 물론 너무 과하지 않고 적절한 수준, 이를 테면 2% 정도의 인플레이션 말이에요.

석유로 부자가 된
베네수엘라의 몰락

1956년, 미국의 경제학자 필립 케이건은 월 물가 상승률이 50%가 넘으면 '하이퍼인플레이션'이라고 불렀어요. 국가가 통제하기 힘들 정도로 물가가 치솟는 현상을 말해요. 하이퍼인플레이션은 전쟁이나 내전, 자연재해, 혹은 국제 사회의 경제 제재가 일어났을 때 발생해요. 이유가 무엇이든 하이퍼인플레이션이 발생했다는 건 그 나라 경제가 풍비박산이 났다는 뜻이에요.

2019년, 베네수엘라의 물가 상승률은 2000%를 기록했어요. 오늘 마신 커피 한 잔 값이 다음 주에 두 배로 뛰는 수준이었어요. 이 정도의 인플레이션은 빵 한 조각을 사기 위해 수레에 지폐를 가득 실어야 했던 1920년대 독일과 지폐로 아궁이의 불을 땠던 2008년 아프리카 짐바브웨 이후 처음이에요. 역사상 최악의 인플레이션은 15시간마다 물가가 두 배로 뛰었던 1946년의 헝가리였어요.

불과 20년 전까지 베네수엘라는 남미에서 가장 부유한 국가였어요. 베네수엘라 부의 원동력은 세계 매장량 1위를 자랑하는 석유였어요. 그때는 석유만 캐서 팔아도 엄청난 돈이 우르르 굴러 들어왔어요.

1920년대 독일, 화폐를 태우는 여성

2007년 짐바브웨, 빵 한 봉지를 사기 위해 필요한 현금

베네수엘라는 사우디아라비아처럼 석유를 국유화하고는 석유를 판 수익을 고스란히 정부가 가져갔어요. 베네수엘라 정부는 이 돈으로 국민에게 공짜로 집을 지어주고, 의료비를 지원하고, 공짜로 교육을 시켜줬어요. 명분은 국민을 위한 복지 정책이었지만, 사실은 고도의 정치적 계산이 깔린 행동이었어요. 서민과 빈곤층이 정부로부터 각종 지원을 받으면 다음번 선거에도 자신들을 지지해 줄 테니까요.

하지만 2010년부터 국제 원유 가격이 하락하자 베네수엘라는 석유를 팔아도 예전처럼 큰돈을 벌지 못했어요. 베네수엘라는 국가 경제가 원유에 지나치게 의존했어요. 원유 수출이 전체 수출의 80%가 넘었을 정도예요. 그러니 다른 산업을 육성하지 못했고, 석유 수출에 어려움을 겪자 대응책을 찾지 못해 나라 경제가 휘청였어요.

원유의 질도 문제였어요. 베네수엘라 원유는 대부분 질이 나쁜 중질유예요. 중질유는 불순물이 매우 많은 원유이기 때문에 사용하려면 깨끗하게 정제하는 기술이 필요해요. 중질유를 정제하는 기술은 미국의 석유 회사가 맡고 있었는데 베네수엘라 대통령 우고 차베스가 미국을 싫어해서 이 기업들을 쫓아냈어요. 원유를 캐내도 정제할 기술이 없고, 팔려고 해도 국제 유가가 폭락해서 손해만 봤어요. 결국, 베네수엘라는 원유가 있어도 채굴하지 못하고 손가락만 빨아야 하는 처지가 되고 말았어요.

궁지에 몰린 베네수엘라는 최악의 카드를 선택했어요. 복지는 해야겠는데 돈은 없으니, 그 부족한 돈을 찍어 내기로 한 거예요. 그 결과 대량의 볼리바르(베네수엘라 법정화폐)가 시중에 무더기로 풀렸고, 결국 하이퍼인플레이션이 일어났어요.

2019년, 베네수엘라 국민은 닭고기를 사기 위해 닭고기보다 무거운 지폐 뭉치가 필요했어요. 시민들은 화폐 가치가 사실상 사라진 볼리바르 사용을 거부했어요. 그러자 거리와 시장에서 물물교환이 부활했어요. 베네수엘라 국민의 일일 평균 소득은 1000원 밑으로 하락했고, 그들 중 97%는 다음 식사를 언제, 어떻게 해결해야 할지 알지 못했어요. 제대로 먹지 못해 국민의 평균 체중이 감소했고, 공무원에게 월급도 지급할 수 없었어요. 급여를 받지 못한 공무원이 출근을 거부하자 수도, 전기, 치안 같은 공공 서비스가 중단되었어요. 도무지 출구가 보이지 않는 암담한 현실에 지친 베네수엘라 국민은 하나둘 국경을 넘어 다른 나라로 갔어요. 지금까지 최소 500만 명이 베네수엘라를 떠났는데 이는 베네수엘라 전체 인구의 13%가 넘는 숫자예요.

가치가 없어 바닥에 나뒹구는 베네수엘라 화폐

12세기, 이탈리아 북부를 다스리던 군주들은 상인들에게 자주 돈을 빌렸어요.

"국가 운영 자금이 모자란데, 돈 좀 빌려줘."

그런데 다음 군주가 된 후계자들이 선대 군주가 진 빚을 나 몰라라 했다는 거예요.

"내가 빌린 것도 아닌데, 왜 나한테 갚으래?"

이런 일이 반복되자 상인들은 군주들에게 돈을 빌려주기를 꺼렸어요. 상인들이 군주를 신뢰하지 못하자, 정부나 의회가 대신 나섰어요. '우리는 믿어도 좋아요'라며 상인들을 달래고는 돈을 갚겠다는 약속을 적어 문서를 작성한 뒤 돈을 빌렸어요. 이것이 '채권'의 시작이에요.

이후 스페인과 프랑스, 네덜란드에서도 필요한 돈을 마련할 목적으로 채권을 발행했어요. 국가가 돈을 빌리기 위해 발행하는 문서, 바로 '국채'예요.

돈은 새끼를 낳지 못한다

일본 격언에 이런 말이 있어요.

공짜보다 비싼 것은 없다.

공짜처럼 보이는 물건이나 아무 조건 없어 보이는 상대방의 호의도 사실은 공짜가 아니라는 뜻이에요. 바꿔 말하면, 세상 모든 것에는 값이 매겨져 있다는 의미이기도 해요. 물건과 서비스에는 가격이 있고, 재능이나 가치에도 가격을 매겨요. 돈에도 가격이 있어요. 이 돈의 가격을 '이자'라고 불러요.

그런데 돈을 빌려주고 이자를 받는 행위는 오랫동안 서구 역사에서 논란이 되었어요. 고대 그리스 철학자 아리스토텔레스는 특히 이자를 받는 행위를 아주 못마땅하게 여겼어요.

소는 빌리면 새끼를 낳기 때문에 빌린 대가를 내야 한다. 그런데 돈이 새끼를 낳나? 그런데 왜 그 대가를 지불해야 하는가?

돈은 자식을 낳지 못한다. 즉 화폐 불임설이에요. 이자를 죄악으로 여기는 이런 생각은 중세 시대로 계승되었어요. 중세 유럽의 정신세계를 지배한 기독교는 돈을 빌려주고 이자를 받는 직업을 죄악으로 여겼어요. 8세기, 기독교는 이자를 받는 행위를 금지하는 지침을 교회법으로 채택했어요. 9세기, 프랑크 왕국의 카롤루스 대제는 국가 차원에서 이자 받는 행위를 금지하는 법을 제정했고요.

위선적인 재량 예금

중세 기독교 성직자들은 습관처럼 시민들에게 경고했어요.

"진정한 소득은 땀 흘려 일한 대가여야 합니다."

"가만히 앉아 돈을 빌려주고 이자를 받는 자는 저주를 받아 지옥에 떨어질 겁니다!"

하지만 입으로는 이렇게 설교하면서 정작 자신들은 몰래 예금을 맡기고 이자를 받는 위선적인 성직자가 많았어요. 로마 교황과 추기경, 주교와 같은 높은 성직자들은 급여를 받으면 비밀스러운 예금에 넣었어요. ▶ 예금자의 이름도, 이자율 표시도 없는 정체가 수상한 예금이었어요. 오늘날 떳떳하지 못한 돈을 숨겨주는 스위스 은행의 중세 버전이라고 할 수 있어요. 대신 은행들은 예금해 주셔서 감사하다는 의미로 성직자에게 재량껏 감사의 선물을 줬어요. 물론 그 선물은 이자였죠. 듣는 귀가 많아 차마 '이자'라고 말할 수 없으니 비유적으로 '선물'로 말한 거예요. 이런 예금을 재량 예금이라고 불러요. 재량 예금은 이자가 금지된 시기에 합법적으로 이자를 받을 수 있도록 포장한 금융 상품이었어요.

게다가 교황청은 유럽 전역으로부터 기부금과 헌금을 받았는데 그 액수가 상당했어요. 교황청은 이 돈도 재량 예금에 맡기고 이자를 듬뿍 받았어요. 당시 교황청의 재산을 관리해 주던 은행이 이탈리아 메디치 가문이 세운 메디치 은행이에요. 메디치 은행이 교황청의 주거래 은행이 되자, 유럽 군주와 명문 귀

족들도 앞다퉈 메디치 가문에 예금과 비자금을 맡겼어요.

근대가 시작되고 상거래가 발달하면서 이자를 불편하게 보는 시선도 차츰 부드러워졌어요. 무역을 하고, 장사를 하려면 큰돈을 빌려주는 금융업이 필요했거든요. 16세기, 종교 개혁을 이끌던 프랑스 신학자 칼뱅은 이자를 금지하는 제도를 폐지하자고 주장했고, 영국 왕 헨리 8세는 1545년에 이자를 공식적으로 합법화했어요. 18세기, 기독교는 천 년 가까이 유지했던 이자 금지령을 마침내 해제했어요.

채권과 주식은 어떻게 다를까?

거리에서 '증권 회사' 간판을 보면 가장 먼저 무엇이 떠오르나요? 실시간 주가가 변동하는 큼지막한 주식 시세판이 떠오르지 않나요? 많은 사람이 증권 회사는 주식을 거래하는 곳으로 생각하고 있어요. 그런데 증권 회사는 주식 말고도 채권도 거래하는 곳이에요. 채권은 보통 사람에게 꽤 낯선 금융 상품이지만, 시장 규모는 주식보다 커요.

주식은 회사만 발행할 수 있지만, 채권은 회사는 물론 정부, 지방자치단체와 한국도로공사, 한국토지주택공사 같은 공기업도 발행할 수 있어요. 우리나라만 그런 게 아니에요. 전 세계적으로 채권 시장 규모가 주식 시장보다 커요.

그런데도 우리가 채권을 잘 모르는 이유는 무엇일까요? 채권이 주식보다 접근성이 안 좋기 때문이에요. 누구라도 신분증만 있으면 증권 회사에 계좌를 만들어 즉시 주식을 사고팔 수 있어요. 주식을 사는 데 큰돈이 들지도 않아요. 가격이 저렴한 주식을 고르면 만 원으로도 살 수 있어요. 반면 채권은 기본 단위가 보통 100억 원이에요. 그래서 은행, 증권사, 자산 운용사처럼 큰돈을 굴리는 대형 금융 기관이나 재산이 많은 소수만 참여할 수 있었어요. 그러다 2024년 6월부터는 10만 원 이상만 있으면 국채를 살 수 있는 '소액 국채 투자'가 허용되어 국채 거래의 문턱이 낮아졌어요.

주식과 채권 모두 돈이 필요할 때 발행하는 유가 증권이에요. 대형 트럭을 빌려주는 운송 회사가 있다고 가정해 볼게요. 회사는 낡은 트럭을 새것으로 교체하려고 해요. 그러려면 50억 원이 필요한데, 지금 회사는 그만한 자금이 없어요. 이 돈을 마련하는 방법은 두 가지예요. 50억 원을 투자받거나, 50억 원을 빌리는 거죠. 회사가 투자받으려고 가장 많이 사용하는 방식은 주식 발행이에요. 사람들이 운송 회사 주식을 50억 원어치 사주면 돈 문제는 깔끔히 해결되니까요.

유가 증권
재산의 가치가 있다는 것을 증명하는 문서예요. 주식과 채권 외
에도 상품권, 수표, 우리가 사용하는 동전과 지폐도 유가 증권이
에요.

이번에는 50억 원을 빌리는 경우를 알아볼게요. 은행에서 빌릴 수도 있지만, 은행은 대출 심사가 엄격하고 빌려주는 기간도 짧아요. 빌리는 기간이 너무 짧으면 갚아야 하는 사람은 부담스러워요. 이럴 때 발행하는 것이 채권이에요. 채권은 누가 발행하느냐에 따라 다양한 이름이 붙어요. 국가가 발행하면 국채, 지방자치단체나 한국도로공사 같은 공기업이 발행하면 공사채, 은행이 발행하면 은행채, 마지막으로 회사가 발행하면 회사채라고 불러요. 회사채의 만기, 그러니까 돈을 갚아야 하는 기간은 보통 3년이지만, 만기가 10년인 회사채도 있어서 은행 대출보다는 갚는 데 여유가 있어요.

그럼 주식과 채권은 구체적으로 어떻게 다를까요? 첫째, 주식은 만기일이 없어요. 회사가 망하지 않는다면 대대손손 후손에게 물려줄 수도 있어요. 반면, 채권은 언제까지 돈을 갚겠다고 약속한 차용 증서이기 때문에 만기일이 있어요. 둘째, 돈의 성격이 달라요. 주식을 산다는 것은 내가 그 회사의 투자자가

된다는 뜻이에요. 그래서 주식을 산 사람은 회사와 같은 배를 탄 운명 공동체예요. 회사는 이익이 발생하면 주식을 산 사람 (주주)에게 이익을 배당금으로 돌려줘요. 반면 채권을 산 사람은 투자자가 아니에요. 단지 회사에 돈을 빌려준 빚쟁이일 뿐이에요. 빚쟁이는 회사가 아무리 성장해도 약속한 이자와 원금만 받아요.

그런데 회사가 파산하면 어떻게 될까요? 회사는 토지, 건물,

기계 같은 자산을 처분해서 생긴 돈을 나눠줘요. 이때 가장 먼저 돈을 받는 사람은 채권자예요. 주식을 산 사람, 즉 투자자는 순번이 가장 낮아요. 요약하면 채권을 산 사람에게 먼저 돈을 주고, 그래도 남은 돈이 있으면 주주에게 배분해요. 남은 돈이 없으면 주주는 아무것도 받지 못해요.

하이 리스크, 하이 리턴

은행에 예금하면 이자를 받아요. 은행은 왜 예금자에게 이자를 줄까요? 은행이 우리가 예금한 돈을 다른 사람이나 기업에게 빌려주고 이자를 받아 수익을 올리기 때문이에요. 우리 돈을 사용했으니 그 값을 지불하는 거죠. 이자는 돈을 사용한 값이니까요.

그런데 은행마다 지급하는 이자율은 달라요. 1년 만기 정기 예금이라고 해도 어떤 은행은 3.5%를 주고, 또 다른 은행은 3.7%를 줘요. 새마을 금고나 신협 같은 제2 금융권은 시중 은행보다 예금 이자를 더 많이 주고요. 왜일까요? 이자율에는 '위험에 대한 보상'이 들어 있기 때문이에요.

돈을 빌려주는 사람이 신경 쓰는 것은 하나예요. 내가 빌려준 원금과 약속한 이자를 제때 받을 수 있느냐, 없느냐죠. 성실하며 직업이 안정적인 사람보다 게으르며 직업이 불안정한 사람이 아무래도 돈을 떼먹을 위험성이 크겠죠. 그래서 이 '떼먹을 위험성'을 높은 이자로 보상받으려고 해요.

"돈은 빌려주겠지만, 너는 좀 미덥지 못하니 이자를 더 내!"

제2 금융권의 이자율이 시중 은행보다 높은 것은 그 차이만큼 '파산 위험'이 높다는 뜻이기도 해요. 금융 기관이 파산하면 내가 예금한 소중한 돈은 법에 따라 오천만 원까지만 보호받을 수 있어요.

예금 이자가 4%인 은행에 돈을 넣을까? 5%인 제2 금융권에 돈을 넣을까?

이 질문에 정답은 없어요. '난 1%라도 더 받을래, 금융 기관은 그리 쉽사리 파산하지 않을 테니까'라고 판단하는 사람은 제2 금융권을 선택할 테고, 수익률보다는 안전성을 우선시하는 사람은 일반 시중 은행에 예금할 거예요. 확실한 것은 선택에는 책임이 따르며, 수익률과 안전성은 함께 가지 않는다는 사실이에요. 고수익을 얻으려면 고위험을 각오해야 하며, 안전할수록 수익도 낮아요.

하이 리스크high risk, 하이 리턴high return

고위험, 고수익이라고 할 수 있어요. 이 원리는 채권에도 똑같이 적용돼요. 실적이 좋고 재무 상태가 튼튼한 기업이 발행하는 회사채일수록 이자율(금리)이 낮고, 신용 등급이 불량한 기업의 회사채일수록 금리가 높아요. 즉 탄탄한 기업은 상대적으로 적은 비용으로 돈을 빌릴 수 있다는 뜻이기도 해요.

하지만 아무리 안정적인 기업이라고 해도 파산할 위험은 늘 있어요. 미래는 아무도 모르니까요. 그래서 일류 기업이 발행한 회사채도 일반적으로 국채 금리보다는 높아요. 삼성 전자가 파산할 확률보다는 대한민국이 멸망할 확률이 낮으니까요. 국가가 발행하는 국채는 국가가 지급을 약속하기 때문에 가장 안전한 유가 증권이에요. 그래서 국채를 무위험 자산, 채권의 근본이라고 부른답니다.

채권의 근본, 국채

사실 우리는 잘 느끼지 못하지만, 대한민국 국민 대부분은 국채와 어떤 식으로든 깊은 관계를 맺고 있어요. 우리가 예금과 적금에 가입해서 만기가 되면 은행은 원금에 이자를 얹어 주잖아요? 은행은 그 이자를 어떻게 마련할까요? 은행은 고객이 예금한 돈 일부는 다른 사람에게 대출해 줘서 이자를 받고, 나머지는 국채를 사요. 즉, 국가에 돈을 빌려주는 거예요. 국채는 국가가 원금과 이자를 보장하는 안전한 투자 상품이므로 확실한 이자 수익을 기대할 수 있어요. 은행은 여기서 발생한 이익으로 고객들에게 안정적으로 이자를 지급할 수 있고요.

은행만 그런 건 아니에요. 보험사, 국민연금공단, 공무원연금공단, 사학연금공단, 국민건강보험공단 등에는 매달 가입자들이 낸 보험료가 잔뜩 들어오는데, 이 돈을 '연기금'이라고 해요. 이 연기금은 금고에 가만히 넣어 두지 않아요. 인플레이션 탓에 시간이 흐를수록 돈의 가치가 하락하기 때문이죠. 그래서 돈을 위탁 운용사에 맡겨요.

"이 돈 좀 불려주세요!"

주로 '무슨 무슨 자산 운용사'라는 이름을 가진 금융 기관들이 연기금을 대신 투자해 주는 위탁 운용사예요.

위탁 운용사가 연기금을 굴릴 때는 잘 나가는 해외 주식도 사고, 유망한 국내 주식도 이것저것 사지만, 필수적으로 장바구니에 넣는 것이 국채예요. 보험사가 지급하는 생명 보험금, 노령자와 퇴직자에게 지급하는 각종 연금, 국민 건강과 직결된 건강 보험은 수익률도 좋지만, 안정적인 재원 확보가 훨씬 중요하니까요.

심지어 내가 원하지 않아도 국채나 공채를 사야 하는 경우도 있어요. 아파트를 구입할 때는 국채의 하나인 국민주택채권을, 새 자동차를 살 때는 지방자치단체가 발행한 공채를 의무적으로 사야 해요. 심지어 수렵 면허를 받거나 엽총을 소지할 때도 국채나 공채를 사야 해요. 이것을 강제성 채권이라고 해요.

국채도 빚일 뿐이다

대한민국 정부가 발행한 국채는 외국에서도 인기예요. 우리나라는 경제가 탄탄하고, 민주주의가 잘 정착되어 정치도 안정적일 뿐만 아니라, 물가 상승률도 낮아요. 북한과 대치 중인 휴전 국가라는 점이 불안 요소이기는 하지만, 그래도 그만하면 외국 정부와 투자 은행이 보기에 대한민국 국채는 꽤 매력적인 투자 상품이에요.

"대한민국에 돈을 빌려줘도 떼이지는 않겠어!"

그리고 마치 보답이라도 하듯 대한민국 정부와 금융 기관도 외국 국채를 사고 있어요. 그러니까 서로가 서로에게 돈을 빌려 주고 있는 거예요. 이것이 흔히 말하는 '외환 보유액'이에요. 우리나라 외환 보유액을 보도하는 텔레비전 뉴스를 보면 한국은행 금고에 켜켜이 쌓여 있는 외국 지폐가 단골처럼 등장해요. 하지만 실제 외환 보유액의 대부분은 현금이 아니라 외국 정부가 발행한 국채예요.▶ 우리나라 외환 보유액의 약 66%는 미국 달러로 표시된 자산인데, 그중 80%가 미국 국채예요. 심지어 금도 외환 보유액에 포함돼요.

국채가 아무리 안전하다고 해도 결국 본질은 빚이에요. 물론 빚 자체가 나쁜 것은 아니에요. 개인이나 기업도 필요할 때는 은행으로부터 돈을 빌리곤 하니까요. 하지만 반복적으로 국채를 발행하다 보면 빚이 눈덩이처럼 불어나서 원금은커녕 이자

2024년 6월 5일, 한국은행이 발표한 외환 보유액 자료 사진

도 못 갚는 상황이 올 수 있어요. 국제 사회도 그런 국가를 불안한 시선으로 주시하다가, 그 나라의 국채를 꺼려서 사지 않으려고 해요. 빚더미의 최후는 파산이니까요.

국가가 빚을 갚지 못하면 '디폴트 선언'을 해요. 말하자면 국가 부도예요. 디폴트를 선언한 국가는 의외로 많아요. 베네수엘라는 11번, 에콰도르는 10번, 브라질은 9번 디폴트를 선언했어요. 이외에도 1984년 북한, 2015년 그리스, 2020년 레바논과 잠비아 등이 이자와 원금을 못 갚겠다고 선언했어요.

대한민국도 1997년에 외국으로부터 빌린 돈을 못 갚아 곤욕을 치른 적이 있어요. 하지만 이때 우리나라는 디폴트가 아닌 모라토리엄을 선언했어요. 디폴트는 못 갚겠다는 뜻이지만, 모라토리엄은 지금은 돈이 없지만 시간을 좀 주면 꼭 갚겠다고 약속하는 거예요. 전문 용어로 '채무 지급 유예'라고 해요. 모라토리엄을 선언한 국가는 국제통화기금(IMF)으로부터 긴급 자금을 빌릴 수 있어요. 그래서 이 사건을 'IMF 외환 위기'라고도 불

러요.

이후, 대한민국은 뼈를 깎는 노력으로 국제통화기금에서 빌린 돈을 빠르게 다 갚았어요. 간혹 이 사건을 '국가 부도 사태'라고 부르기도 하는데, 이는 틀린 표현이에요. 당시 대한민국은 국가 부도 위기 직전까지 몰렸지만, 국제통화기금으로부터 돈을 빌려 급한 빚을 갚았기 때문에 국가 부도까지 가지 않았으니까요.

미국은 빛이 많아도
괜찮을까?

미국은 국민으로부터 거두는 세금보다 지출이 많은 국가예요. 가정으로 비유하면, 한 달에 1000만 원을 버는 가족이 1500만 원을 쓰고 있는 셈이에요. 이 부족한 500만 원을 충당하려고 매년 미국은 엄청난 금액의 국채를 발행하고 있어요.

사실, 미국은 태생적으로 빚과 인연이 깊은 나라예요. 1783년 미국이 독립전쟁에서 승리했을 때, 미국 정부는 7500만 달러(현재 가치로 약 3조 원 이상)의 빚을 지고 있었어요. 이것은 시작에 불과했어요. 1865년, 남북전쟁이 끝났을 무렵에는 빚이 30억 달러였고, 제2차 세계대전이 끝났을 때는 빚이 무려 2600억

달러로 불어났어요.▶

현재 미국 정부의 빚은 약 34조 달러(약 4경 7000조 원)예요. 더욱 심각한 것은 이자예요. 미국 정부가 매년 갚아야 할 이자는 1조 달러(약 1390조 원)가 넘어요. 대한민국 GDP의 80%를 고스란히 이자만 내는 셈이에요. 빚이 늘어나는 속도도 가공할 수준이에요. 1초에 대략 1억 6000만 원씩 빚이 증가하고 있어요. 그런데도 미국의 대응책은 단순해요. 국채로 생긴 빚을 새로운 국채를 발행해 갚는 거죠. 마치 카드를 긁어 카드값을 돌려 막는 것처럼요. 앞에서 미국은 국채를 발행해서 새로운 달러를 발행한다고 했잖아요? 국채를 발행할수록 달러도 많이 찍어 내는 거예요. 대한민국이었다면 국가 부도가 나도 벌써 골백번은 났을 테지만, 미국은 아직 그런 일이 일어나지 않았어요.

이상한 것은 이뿐만이 아니에요. 미국은 코로나19 팬데믹이 한창이던 2021년에 무려 13조 달러를 찍어 냈어요. 이것은 미국이 지금껏 참전한 가장 비싼 13개 전쟁에서 쓴 돈을 합한 것보다 많아요.▶ 그런데도 미국 달러는 일본의 엔화, 영국의 파운드 스털링화, 유로화 등 세계 주요 통화보다 오히려 가치가 상승했어요.

어떻게 이런 일이 가능할까요? 그 이유는 미국 달러가 국제 사회에서 가장 많이 사용되는 기축 통화이기 때문이에요. 예를 들어, 스리랑카의 귀금속 제조 회사가 멕시코의 백화점에 보석을 팔기로 계약을 맺었어요. 멕시코 백화점이 보석 대금으로 멕시코 화폐, 페소를 지급하려고 하자 스리랑카 회사가 말했어요.

"그냥 미국 달러로 주세요!"

미국 달러는 식량과 원자재, 상품 등 무역이나 국가 간 금융 거래에서 결제 대금으로 가장 많이 사용돼요. 지금까지 미국 중앙은행인 연방준비제도가 발행한 달러의 최소 60%가 미국이 아닌 다른 나라에서 돌아다니고 있어요. 100달러 지폐의 3분의 2와 50달러 지폐의 거의 절반이 미국 이외의 지역에서 보관 중이고요. 미국을 제외한 다른 국가들은 외화 보유액의 대략 60%를 달러, 즉 미국 국채로 채우고 있어요. 미국이 발행한 국채의 약 25%가 외국에 있다고 해요.

미국 국채가 이렇게 인기가 높은 이유는 뭘까요? 결국 미국의 막강한 국력 때문이에요. 미국 국채는 지구촌 최강의 국가 미국이 보증한 세계에서 가장 안전한 투자 상품이니까요. 전 세계가 이토록 미국 달러를 갈망하고, 투자 상품으로 미국 국채의 인기가 하늘을 찌를 듯 높으니, 미국은 웃으면서 달러를 찍어내고 국채를 계속 발행할 수 있는 거예요.

혹시 시뇨리지seigniorage라는 말을 들어보았나요? 시뇨리지는 중세 유럽 봉건 영주인 시뇨르seigneur에서 유래한 말이에요. 시뇨르는 자기가 다스리던 영지에서 사용할 동전을 직접 제작했는데, 금화와 은화 제조 비용을 아끼려고 금과 은의 함량을 줄여서 이득을 챙겼어요. 이처럼 화폐를 주조해서 생기는 이익을 시뇨리지라고 해요.

시뇨리지는 지금도 유효해요. 예를 들어, 대한민국 5만 원권 지폐의 제조 비용은 약 200원이에요. 대한민국 정부는 5만 원권 한 장을 만들 때마다 4만 9800원의 시뇨리지 이득을 버는 거예요. 미국 100달러 지폐의 원가는 약 19센트예요. 미국은 100달러 지폐를 발행할 때마다 99달러 81센트의 화폐 주조 이익(시뇨리지)을 벌어요.▶ 이런 식으로 미국은 매년 화폐 주조 이익으로만 최소 100억 달러를 벌고 있어요. 기축 통화국이기에 누릴 수 있는 미국만의 특권이에요.

부채 한도
||||||||||||||||||||||||||

'빚 앞에 장사 없다'라는 말이 있어요. 제아무리 미국이라고 해도 쌓여가는 빚은 신경이 쓰일 수밖에 없어요. 미국은 옛날부터 씀씀이가 크기로 유명한 국가였어요. 이를 보다 못한 미국 의

회가 미국 정부가 빌릴 수 있는 빚의 최대치를 법률로 정할 정
도였어요. 이것을 '부채 한도'라고 불러요. 덧붙이자면 지구상
에서 부채 한도가 있는 국가는 미국과 덴마크 두 나라뿐이에요.
부채 한도는 말하자면 미국 정부가 신용카드로 긁을 수 있는 상
한액을 못 박아놓은 거예요. 이렇게라도 해서 빚을 더 늘리지
않으려고 말이에요.

이 금액까지만 돈을 빌려, 알았지?

하지만 상대는 지름신이 강림한 미국 정부예요. 미국 정부는
부채 한도에 만족할 수 없었어요.

싫어요, 좀만 더 빌리게 해줘요!

미국 정부는 매번 의회에 징징댔어요. 부채 한도를 변경하려
면 미국 의회의 승인이 필요하거든요. 그런 식으로 미국은 1960
년 이후로 부채 한도를 무려 78번이나 높였어요. 이 정도면 사
실상 연례행사 수준이라고 할 수 있어요.
  지금 미국 정부 앞으로 매일같이 이자와 원금을 독촉하는 청
구서가 산더미처럼 쇄도하고 있어요. 그런데 미국은 이 빚을 갚

을 돈이 없어요. 다시 국채를 발행해서 또 누군가로부터 빌려야 하는데, 그러면 법률로 정한 부채 한도를 또 초과할 수밖에 없지요.

만일 미국 정부가 청구서의 돈을 제때 갚지 못하면 어떻게 될까요? 미국도 남미 국가들처럼 채무 불이행, 즉 디폴트를 선언해야 해요. 실제로 미국은 디폴트 위기에 직면한 적이 여러 번 있었어요. 하지만 그때마다 의회가 극적으로 부채 한도를 높여줘서 미국은 한숨을 돌릴 수 있었어요. 미국 정부가 예뻐서 그랬던 게 아니에요. 미국 의회도 미국 정부의 과소비가 마음에 들지는 않지만, 그래도 국가 부도라는 최악의 상황만큼은 피해야 했어요.

포그롬과
러일전쟁

유대인 박해라고 하면 우리는 가장 먼저 제2차 세계대전 중의 독일 나치를
떠올려요. 하지만 러시아도 독일 못지않게 유대인을 몹시 싫어했어요.
러시아에서는 19세기 말부터 20세기 초까지 약 천 건의 유대인 박해가
있었어요. 수많은 유대인이 학살당했고 재산을 빼앗겼어요. 러시아어로
이것을 포그롬Pogrom이라고 해요.▶
1903년 4월 6일은 러시아 정교회의 축일인 부활절이었어요. 오후가 되자
키시너우 광장으로 사람들이 몰려들었어요. 눈빛에 살기가 등등했어요.

　"유대인을 때려죽이자!"

누군가의 외침을 신호로 사람들은 뿔뿔이 흩어져 '유대인 사냥'을
시작했어요. 길을 가던 유대인이 습격당했고, 유대인 상점이 약탈당했고,
유대인 주택까지 습격당했어요. 러시아 경찰이 출동했지만, 어찌 된
일인지 이 사태를 멀뚱멀뚱 보기만 할 뿐이었어요. 그렇게 이틀간 벌어진
폭동으로 49명의 유대인이 사망했고, 424명이 다쳤으며, 약 700가구와

600채 이상의 상점이 파손됐어요.

일 년 뒤인 1904년, 러시아는 조선의 지배권을 놓고 일본과 전쟁을 벌이게 되었어요. 러일전쟁이 벌어진 거예요. 일본이 러시아와 결전을 벌이려면 최소 180만 엔이 필요했어요. 이는 당시 일본 국내총생산(GDP)의 6배가 넘는 금액이자, 청일전쟁에 들어간 전쟁 비용의 무려 8배가 넘는 큰돈이었어요.▶

별수 없군, 국채를 발행해서 돈을 빌려야겠어.

일본은 국채를 발행했지만, 국제 사회는 심드렁했어요. 러시아는 영국, 프랑스 같은 유럽 열강도 두려워하는 강력한 '발트함대'를 보유한 군사 강국이었으니까요. 다들 러시아가 무난하게 전쟁에서 이길 거라고 예상했어요. 패배할 것이 뻔한 일본의 국채를 아무도 사려고 하지 않았죠. 일본은 초조했어요. 서양 열강들이 국채를 사주지 않으면 돈을 마련하지 못해 전쟁 준비에 큰 차질이 생길 수밖에 없었으니까요. 이때, 제이콥 시프라는 미국인 금융가가 일본 국채 일부를 사줬어요. 그리고 일본이 런던과 뉴욕에서 국채를 발행할 수 있도록 적극적으로 주선해 줬지요. 일본과 아무 인연이 없던 제이콥 시프는 왜 일본을 도왔을까요? 시프는 일 년 전, 러시아에서 발생한 포그롬의 비극으로 러시아에 원한을 품고 있던 수많은 유대인 중 한 명이었어요. 시프는 동포의 복수를 위해 러시아와 대결하던 일본에 협력했던 거예요. 적의 적은 같은 편이니까요. 시프의 도움으로 돈을 구한 일본은 모두의 예상을 깨고 러일전쟁에서 승리했어요. 그 승전의 대가로 일본은 다음 해 조선을 식민지로 삼았어요.

러일전쟁이 끝난 뒤, 포츠머스 강화 조약을 맺고 있는 일본과 러시아

만일 러시아에서 포그롬이 일어나지 않았다면, 일본은 국채 발행에
어려움을 겪었을 테고 전쟁 비용을 마련하기 힘들었을 거예요. 어쩌면
한반도의 운명도 크게 달라지지 않았을까요?

18세기 말, 영국은 나폴레옹이 이끄는 프랑스와 전쟁을 앞두고 있었어요. 영국 수상 윌리엄 피트는 전쟁 비용을 마련하려고 1798년에 '소득세'라는 새로운 세금을 만들었어요. 소득세는 소득이 높을수록 더 높은 세율을 적용하는 세금이에요.

영국의 부자들은 이 세금을 도무지 이해할 수 없었어요. 지금까지는 소득과 관계없이 같은 비율의 세금을 냈거든요. 그런데 이제부터 부자는 높은 세율을 적용하고, 저소득자는 낮은 세율을 적용한다니 듣도 보도 못한 논리였어요.

"아아, 미안해요. 비상 상황이라서 어쩔 수 없어서 그래요. 이해해 주세요."

영국 정부는 전쟁이 끝나면 문제의 소득세를 없애겠다고 약속하며 화난 부자들을 달랬어요.

그리고 전쟁이 끝나자 약속대로 소득세를 없앴어요. 하지만 불과 30년 뒤, 다시 돈이 필요했던 영국 정부는 슬그머니 소득세를 부활시켰어요. 이때부터 소득세는 전 세계에 뿌리를 내렸어요.

전쟁 비용을 충당할 목적으로 고안된 소득세는 훗날 뜻밖의 역할을 하게 되었어요. 소득 재분배 효과를 내며 빈부 격차를 줄이는 데 기여했지요.

쿠즈네츠 가설

자본주의는 개인의 자유로운 경제 활동과 이익 추구, 그리고 사유 재산을 법으로 인정해요. 이렇게 자본주의가 '자유'를 중시한다면 사회주의는 '평등'을 강조해요. 사회주의는 소수의 부자가 부를 독점하는 것을 옳지 않다고 생각해요. 모든 국민에게 평등하게 골고루 이익을 나눠야 한다고 믿지요.

자본주의 사회에서는 개인의 능력에 따라 돈을 버는 것을 인정해요. 그래서 잘사는 사람과 못사는 사람이 명확하게 구분돼요. 이것이 빈부 격차예요. 자본주의는 빈부 격차를 자연스러운 현상으로 받아들였어요. 실제로 자본주의가 처음 모습을 드러낸 17세기까지만 하더라도 개인의 가난은 전적으로 개인의 문제였고, 개인의 책임이었어요.▶ 국가가 해줄 것은 아무것도 없었어요. 이런 말도 있지요.

가난은 나라님도 구제하지 못한다.

한편 가난은 겸손함을 배우고 물질적 집착에서 벗어날 수 있는 축복으로 여기기도 했어요.

제2차 세계대전이 끝나자 세계는 자본주의 진영과 사회주의 진영으로 나뉘어 팽팽하게 맞섰어요. 이 시기를 '동서 냉전'이라고 불러요. 베를린 장벽을 기준으로 서쪽에 영국, 프랑스, 서독, 미국 등 자본주의 국가가 많았고, 동쪽에는 동독, 동유럽, 소련 등 사회주의 국가가 많아서 그런 이름이 붙여졌어요.

평등을 강조하는 사회주의는 자본주의가 빈부 격차를 악화시킨다며 자본주의를 비판했어요. 이런 비판에 대해 미국인 경제학자 사이먼 쿠즈네츠는 자본주의는 빈부 격차를 악화시키지 않는다는 새로운 주장을 했어요. 쿠즈네츠는 그 유명한 GDP(국내총생산) 개념을 처음 만들어낸 사람이에요. 훗날 그 공로를 인정받아 노벨 경제학상을 수상했어요.

쿠즈네츠는 경제가 성장하는 초기에는 어느 국가라도 소득 격차가 벌어질 수밖에 없다고 했어요. 이유는 농촌에 사는 사람이 일자리가 많은 도시로 이주하면서 도시에 빈곤층이 늘어났기 때문이에요. 그러다 국가 경제가 차츰 상승 궤도에 진입하면 도시 노동자의 임금도 상승하고, 농촌에는 농사를 지을 사람이 귀해지는 바람에 농촌 노동자의 임금도 덩달아 상승하면서 소득 격차가 줄어든다고 주장했어요. 이것을 쿠즈네츠 가설이라고 해요.

쿠즈네츠의 말을 증명이라도 하듯, 당시 경제 호황기였던 미국은 계층 간 소득 불평등 격차가 빠르게 줄어들고 있었어요. 대학 진학률은 높아졌고, 정부는 다양한 복지 정책을 시행해 빈곤층과 서민층의 경제적 부담을 상당 부분 덜어줬어요. 그렇게 1970년대가 되자 미국 내 소득 격차는 오늘날 세계에서 빈부 격차가 가장 낮다는 북유럽 국가 수준까지 도달했어요. 이쯤 되자 쿠즈네츠 가설은 더 이상 가설이 아니라 의심할 수 없는 법칙으로 인정받게 되었어요.

하지만 1980년대가 되자 미국, 영국, 프랑스, 그리고 스웨덴에 이르기까지 자본주의 국가에서 소득 불평등 문제가 다시 불거졌어요. 쿠즈네츠 법칙이 틀렸다는 비판에서 자유로울 수 없게 되었지요.

소득 불평등을 측정하는
지니 계수

경제적 불평등에는 크게 소득 불평등과 부의 불평등이 있어요. 일류 로펌 변호사의 시간당 수임료와 택시 기사가 시간당 버는 수입이 차이가 나는 것처럼, 소득 불평등은 개인의 소득이 고르지 않은 상태를 말해요. 이 소득 불평등 상태를 측정하는 지표가 '지니 계수'예요.

지니 계수는 0과 1 사이의 숫자로 표현돼요. 0에 가까울수록 그 나라의 소득 분배는 평등하고, 1에 가까울수록 불평등해요. 하지만 현실적으로 지니 계수가 1이거나 0인 국가는 없어요. 지니 계수가 1이라는 것은 단 한 명이 모든 소득을 독점하고 나머지 국민은 빈털터리라는 뜻이에요. 이런 국가는 현실에 존재하지 않아요. 그 한 명 빼고 죄다 굶어 죽을 테니까요. 반대로 지니 계수가 0이라는 것은 완벽한 평등, 그러니까 대통령과 판사와 일용직 노동자, 심지어 노숙자의 소득까지 똑같다는 뜻이에요. 이건 공산주의 국가에서도 불가능해요.

2024년 기준으로 지니 계수가 가장 높은(소득 불평등이 가장 심한) 국가는 남아프리카 공화국이에요. 남아프리카 공화국의 지니 계수는 0.63으로, 0.1%의 부자가 국가 전체 부의 약 30%를

소유하고 있어요. 지니 계수가 가장 낮은 국가는 동유럽의 슬로
베니아로 0. 246이에요. 우리가 흔히 선진국이라 부르는 경제
협력개발기구(OECD) 회원국들의 지니 계수는 0.3 언저리인데,
미국은 0.414로 선진국치고는 좀 높아요. 대한민국은 0.314, 일
본은 0.329예요.▶

　다만, 북한은 측정에 필요한 소득 관련 데이터가 드러나지

않아서 공식적인 지니 계수가 없어요. 대한민국 정부는 2005년 탈북자 700명을 인터뷰해 북한 주민의 소득 수준을 추측해서 지니 계수를 계산해 봤어요. 그랬더니 1998년의 북한 지니 계수는 0.63, 2002년부터 2003년까지의 지니 계수는 무려 0.86이었어요. 이 수치가 맞다면 북한은 남아프리카 공화국을 능가하는 세계에서 가장 소득 불평등이 심각한 국가예요.

부의 불평등, 부의 대물림

부의 불평등에서 말하는 부wealth란 은행에 예금한 돈, 부동산, 주식, 자동차, 심지어 미술품까지 개인이 소유한 자산의 총 가치를 뜻해요. 아파트를 가진 사람과 집이 없는 사람 사이에는 부의 격차가 존재해요. 특히 오늘날에는 부의 불평등이 소득 불평등보다 심각한 경제적 불평들을 일으킬 수 있어요.

개인의 부가 형성되는 원천은 크게 두 가지예요. 첫째는 소득이에요. 내가 받은 월급에서 이것저것 소비하고 남은 돈을 은행에 저축하거나, 주식과 채권 같은 금융 상품에 투자하거나, 혹은 상가 건물과 고미술품을 사뒀는데 나중에 가격이 오르면서 부의 가치가 증가해요. 둘째는 물려받은 재산이에요. 부모님이 건물을 물려주거나, 억대 자산가였던 고모님이 주식을 남겨주면 부의 가치가 증가해요. 이렇게 쌓인 부의 가치가 시간이 지나면서 올라가는 속도는 근로자의 월급이 오르는 임금 상승률보다 높고, 그 나라의 경제 성장률보다 높아요.

2013년, 프랑스 경제학자 토마 피케티는 자본 수익률이 그 나라의 경제 성장률보다 높다고 주장했어요. 자본 수익률이란 은행 예금에서 발생한 이자, 주식으로부터 나오는 배당금, 내가 소유한 건물에 세를 든 사람이 내는 임대료 등으로부터 얻는 이익률을 말해요. 말하자면, 재테크 수익률이에요. 피케티가 300년간의 방대한 데이터를 분석했더니, 자본 수익률(4~5%)이 경제 성장률(1.6%)보다 최소 두 배 이상 높았어요.▶

이것은 뭘 뜻하는 걸까요? 부동산 투자, 주식 투자처럼 돈으로 돈을 버는 재테크가 땀 흘려 일하는 근로 소득보다 수익률이 훨씬 높다는 뜻이에요. 즉 부자는 더욱 부자가 되면서 부의 격차가 점점 커지는 거예요. 그리고 그 부는 다시 후손에게 상속되겠지요. 이것을 부의 고착화 또는 부의 대물림이라고 해요.

오늘날 전 세계의 부를 합하면 대략 260조 달러예요. 그 부의 67%를 세계 인구의 20%인 미국과 캐나다, 유럽이 소유하고 있어요. 이들을 더한 것보다 많은 인구를 가진 중국은 전체 부의 8%를, 세계 인구의 30%인 인도와 아프리카는 전체 부의 2%

를 소유하고 있어요.

좀 더 이해하기 쉽도록 단순하게 세계 인구가 10명이고, 소득별로 2명씩 짝을 지어 5개의 그룹으로 나눈다고 가정할게요. 100만 원을 이 다섯 그룹에 분배한다면, 최상위층인 첫 번째 그룹은 약 83만 원을, 그다음 그룹은 약 10만 원을, 세 번째 그룹은 약 4만 원을, 네 번째와 다섯 번째 그룹은 약 2만 원과 1만 원을 가져가요.

19세기 초까지만 하더라도 지구상에서 가장 부유한 국가인 영국과 네덜란드는 가장 빈곤한 국가인 인도와 중국보다 약 3배쯤 잘살았어요. 지금은 가장 부유한 국가와 가장 가난한 국가 간의 부의 격차가 100대 1로 커졌어요. 그리고 이 격차는 점점 더 벌어지고 있어요.

국가만 그런 게 아니에요. 개인 간의 부의 불평등도 문제예요. 세계 불평등 연구소World Inequality Lab의 발표에 따르면, 세계 인구의 10%가 전체 부의 76%를 소유하고 있는 데 반해, 중간 계층인 40%는 부의 22%를, 가장 하위 계층은 고작 2%의 부를 소유하고 있어요. 또 세계 성인 인구의 절반인 28억 명의 순자산은 1만 달러(약 1390만 원)도 되지 않아요.

부의 불평등 문제를 해결할 수 있을까?

경제적 불평등이 없었던 사회가 하나 정도는 있지 않았을까?

몇몇 경제학자와 역사학자가 이런 호기심을 품고 인류의 역사를 조사했어요. 하지만 그런 사회는 단 하나도 발견하지 못했어요. 그렇다면 경제적 불평등을 완전히 없애는 것은 처음부터 불가능한 일일지도 몰라요. 따라서 경제적 불평등을 아예 없애기보다 격차를 조금이라도 줄이는 것이 우리가 할 수 있는 현실적인 방법이에요. 경제적 불평등을 이대로 내버려 두면 그 부작용이 만만치 않으니까요. 세계적인 IT 기업, 마이크로소프트를 설립한 빌 게이츠는 이런 말을 했어요.

> "자본주의에는 어느 정도 불평등이 내재되어 있다. 그것은 자본주의라는 시스템에 내재되어 있다. 문제는 우리가 어느 수준까지 불평등을 허용하느냐다."▶

다양한 연구에 따르면 불평등이 극심한 국가일수록 마약, 폭력 같은 범죄가 빈번하게 일어났어요. 경제적 박탈감에 실망하고 분노하고 체념한 사람들이 폭력과 방화, 약탈과 같은 극단적인 행동을 저지를 수 있어요. 또 경제적 불평등은 정치적 평등을 훼손해요. 부를 거머쥔 부유층이 돈과 인맥을 이용해 정치권에 로비를 벌이기 때문이에요. 조세 정책과 사업 허가 등 자신들에게 유리하게 법을 개정하거나 정책이 집행되도록 압력을 가하는 거예요.

　그럼 이 격차를 줄일 수 있는 방법이 있을까요? 가장 많이 시도하는 방법이 소득 재분배예요. 소득 재분배란 고소득층에 집중된 부의 일부를 덜어서 저소득층으로 옮기는 것을 말해요. 고소득층으로부터 많은 세금을 거둬 저소득층에게 지원해 격차를 줄이는 거예요. 대표적으로 소득별로 다른 세율을 적용한 소득세가 있어요. 이런 세금을 누진세라고 해요. 또 저소득층 자녀를 위해 질 높은 공교육을 제공하고, 실직자를 대상으로 직업 교육을 하는 방법도 경제적 불평등 문제를 개선하는 데 도움이 될 수 있어요.

국가 간의 불평등도 어떻게 해소할지 생각해 볼까요? 이를 위해서는 서로 협력할 수 있도록 국제 사회의 연계가 필수예요. 선진국을 중심으로 기금을 조성해 빈곤 국가나 개발도상국에 교육, 환경, 상하수도, 의료 등을 지원하는 방법도 생각해 볼 수 있어요.

기본 소득제 논란

2008년에 발생한 글로벌 금융 위기로 사람들의 소득이 크게 줄어들었어요. 여기에 인공지능 기술의 발전으로 똑똑해진 기계가 사람을 대신하면서 많은 사람이 일자리를 잃기도 했어요. 그래서 몇몇 사람들은 생각했어요.

먹고사는 데 도움이 되도록 국민에게 국가가 직접 돈을 지급하면 어떨까?

국민이 기본적인 생활을 할 수 있게끔 현금으로 소득을 지원하는 것, 이것을 기본 소득제라고 불러요. 기본 소득제의 아이디어는 흥미롭게도 500년 전의 소설에서 처음 제시됐어요. 16세기, 영국의 대법관이자 정치가였던 토머스 모어가 《유토피아》라는 소설을 썼어요. 책에는 다음과 같은 내용이 나와요.

훔쳐야만 먹고살 수 있는 사람은 가혹한 형벌로도 막지 못한다. 이런 범죄자를 처벌하는 것보다 모든 사람에게 약간의 생계 수단을 제공해 그들이 목숨을 걸고 범죄를 저지를 수밖에 없는 절박한 환경을 없애는 것이 훨씬 나은 방법이다.

기본 소득제는 바로 이 구절에서 힌트를 얻었어요. 기본 소득제는 정해진 기간에 똑같은 액수의 현금을 전 국민에게 지급하는 방식이에요. 가족이 4명이면 4명 전원이 지급 대상자예요. 그래서 어린이와 할아버지, 노숙자부터 대기업 회장님까지 같은 금액의 돈을 받아요.

기본 소득제를 찬성하는 사람들은 이 제도가 많은 장점을 갖고 있다고 말해요. 기본 소득제는 급여가 낮은 근로자가 경제적으로 여유를 갖고 자신이 하고 싶은 일을 천천히 선택하거나, 예술과 같은 창작 활동이나 자원봉사를 할 수 있도록 소득을 보충해 줘요.

하지만 기본 소득제를 우려하는 목소리도 만만치 않아요. 기본 소득제를 반대하는 사람들은 말해요.

"기본 소득제는 결국 나라가 국민에게 주는 용돈인데, 일하지 않는데도 돈을 받으면 나태해져서 열심히 일하지 않을 거야!"

또 목적이 아무리 좋아도 결국 문제는 기본 소득제에 쓸 돈을 어떻게 마련하느냐에 있어요. 코로나19 때 일시적으로 국민에게 지급한 재난 지원금을 마련하는 데도 엄청난 돈이 들었어요. 그런데 기본 소득제는 일시적이 아니라 지속적으로 돈을 지급해야 해요. 재난 지원금과는 비교할 수 없을 만큼의 돈이 필요해요. 세금을 인상하는 것 말고는 뾰족한 방법이 없어요. 국민이 내는 세금을 올려서, 그 돈으로 다시 국민에게 지급하는 셈이죠. 아랫돌을 빼서 윗돌을 괴는 것과 다름없어요. 게다가 수백 조가 넘는 돈이 한꺼번에 풀리면 높은 물가 상승을 피할 수 없어요.

그렇다면 다른 나라는 어떨까요? 아직까지 지속적으로 기본 소득제를 시행하는 국가는 없어요. 북유럽과 미국의 일부 지역에서 시험 삼아 기본 소득제를 잠깐 실시한 적은 있어요. 예를 들어 핀란드는 2017년에 2000명을 대상으로 매달 약 70만 원의 현금을 2년간 지급하고 그 결과를 지켜봤어요. 하지만 기대했던 것처럼 만족할 만한 효과는 없었어요. 결국 핀란드 정부는 기본 소득제를 도입하지 않겠다고 발표했어요.

나누는 것이 정의다

2010년, 하버드 대학교수 마이클 센델이 쓴 《정의란 무엇인가》라는 책이 한국에서 200만 부나 팔려 큰 화제가 되었어요. 이 책은 아리스토텔레스, 제레미 벤담, 칸트, 존 롤스 등등 서구의 기라성 같은 철학자들이 생각하는 정의에 대한 다양한 관점을 담고 있어요. 600페이지가 넘는 이 두꺼운 책을 관통하는 핵심 키워드를 하나만 꼽으라면 그것은 바로 '분배적 정의'가 될 거예요.

분배는 뭔가를 나눈다는 뜻이에요. 그런데 이렇게 말하면 고

개를 갸웃거리는 사람도 분명 있을 거예요.

분배라니, 분배가 정의랑 무슨 상관이 있지?

아무래도 우리에게 익숙한 정의는《신데렐라》나《흥부전》에 나오는 이야기처럼 못된 사람은 벌을 받고, 착한 사람은 상을 받거나 행복해지는 권선징악식 엔딩이니까요. 이것이 제대로 된 정의 구현이라고 믿지요. 물론 권선징악도 정의가 맞아요.

고대 로마법은 정의를 이렇게 표현하고 있어요.

각자에게 각자의 몫을 주는 것.

여기서 말하는 각자의 몫이란, 자신의 행동에 뒤따르는 대가를 뜻해요. 예를 들어, 열심히 공부한 학생은 좋은 성적을 받을 자격이 있고, 나라를 위해 헌신한 군인과 애국자는 국민의 존경을 받아야 하며, 죄를 지은 사람은 벌을 받아야 해요. 그것이 각자에게 주어지는 정당한 몫이에요. 반대로 커닝을 한 학생이 좋은 점수를 받고, 불법 약물을 사용한 운동선수가 좋은 성적을 올리고, 부패한 정치인이 처벌을 받지 않거나 터무니없이 가벼운 벌을 받는다면 정의롭지 않아요.

그런데 돈, 좋은 학교, 좋은 직장, 국회 의원과 같은 공직 등은 석유나 구리와 같은 자원처럼 한정되어 있어요. 마치 수량이 정해진 한정판 에디션처럼 말이죠. 그래서 이것들을 사회적 자원이라고 불러요. 이런 사회적 자원은 많은 사람이 원하지만 안타깝게도 모두에게 골고루 분배할 수는 없어요. 따라서 이것들을 어떤 기준으로 어떻게 사람들에게 분배하느냐가 몹시 중요해요. 이것이 분배적 정의예요. 오늘날 정의라고 하면 일반적으로 분배적 정의를 말한답니다.

분배적 정의가 어떤 것인지 구체적으로 예를 들어볼게요. 바다를 표류하던 서준이, 도윤이, 해나가 무인도에 도착했어요. 세 아이는 먹을 것을 구하려고 바닷가로 갔어요. 한 시간 뒤 그들은 6마리의 물고기를 잡는 데 성공했어요. 이 물고기를 어떻게 나누는 것이 공정할까요? 첫 번째 방법은 한 사람당 똑같이 2마리씩 가지는 거예요. 이 방법이 가장 무난하고 공정해 보이지만 서준이는 그렇게 생각하지 않았어요.

"내가 3마리, 해나는 2마리, 도윤이는 1마리를 잡았어. 그런데 왜 똑같이 나눠야 해? 이건 공정하지 않아!"

사람의 능력은 균일하지 않아요. 시작은 같은 출발선이었지

만 골인 지점에서는 반드시 먼저 도착하는 사람과 그다음 사람, 그리고 꼴찌로 뒤처지는 사람으로 나뉘어요. 그래서 똑같은 일을 시켜도 사람에 따라 업적이나 결과물이 천차만별이에요. 다

를 수밖에 없는 사람 간의 차이를 인정하지 않고 기계적으로 똑같은 분배를 강요하면 어떻게 될까요? 아무도 열심히 일하거나 노력하지 않을 거예요. 땀을 뻘뻘 흘리며 일을 해 본들 게으름을 피우는 동료와 똑같은 월급을 받는데 누가 열정을 가질 수 있겠어요. 이런 사회는 성장 동력이 없어서 큰 발전을 기대할 수 없어요.

그럼 어떻게 해야 할까요? 이럴 때는 개인의 기여도에 따라 결과물을 분배하는 것이 공정할 수 있어요. 성적이 좋은 학생에게 장학금을 주고, 실적이 뛰어난 직원에게 포상금이나 상여금을 지급하는 것이 그런 예에요.

반면 해나처럼 생각할 수도 있어요.

"나는 입이 짧아서 많이 안 먹어. 그런데 도윤이는 덩치도 크고 많이 먹어. 도윤이가 나보다 물고기를 더 가져가는 게 옳아."

해나의 말처럼, 더 절실하게 필요한 사람이 있어요. 그럴 때는 그들에게 좀 더 분배해 주는 것이 공정할 수 있어요. 국가가 저소득층이나 사회적 약자에게 쌀이나 김치 같은 생필품과 의료 혜택, 생활 자금을 지원해 주는 대표적인 예가 있어요. 이것도 분배적 정의예요. 오늘날 우리나라를 포함한 많은 국가가 경제적 불평등 문제를 조금이라도 개선하려고 실시하는 다양한 복지 정책에는 이 분배적 정의가 녹아 있어요. 우리는 더불어 살아가야 하니까요.

내게 희생을
강요하지 마!

경제적 불평등을 해소하려면 고소득층의 협조와 희생이 필요해요.
저소득층에 지원하는 돈의 상당 부분은 결국 고소득층의 주머니에서
나오니까요. 국가가 그 돈을 가져가면 부자들의 소득은 그만큼 감소해요.
소득이 줄어드는 것은 누구에게도 유쾌한 일은 아니에요.

　"그게 무슨 희생이야? 당연한 거지!"

이렇게 생각하는 사람들도 있어요. 이들은 고소득자가 부를 축적하는
능력이 온전히 개인에게 있는 건 아니라고 주장해요. 예를 들어, 기업가가
수영장이 딸린 멋진 저택에 사는 것은 국민이 그 기업의 물건을 사주었기
때문이고, 아이돌 스타가 돈방석에 앉은 것은 팬들이 콘서트에 가주고
음원을 결제했기 때문이며, 스포츠 스타가 억대 연봉을 받는 것은
관중들이 경기장을 찾아줬기 때문이라고 생각해요. 국민 덕분에 그만한
부를 이뤘다면 국민에게 환원하는 것이 도리라고 생각하죠.
이 주장대로 고소득자는 국가와 국민에게 뭔가 빚을 졌다는 부채

의식이나 의무감을 가져야 할까요? 미국의 정치 철학자 로버트 노직은 딱 잘라 말했어요.

"천만에!"

로버트 노직은 자유 지상주의자예요. 자유 지상주의자란 개인의 자유를 최우선으로 중시하고 정부의 규제를 극도로 싫어하는 사람들을 말해요. 자유 지상주의자들은 부의 재분배도 반대해요. 부자에게 세금을 거둬 가난한 사람을 돕는 것은 아무리 그 취지가 좋고 숭고해도 결국 본질은 돈을 자유롭게 처분할 수 있는 부자의 권리를 침해하는 행위일 뿐이라고 주장해요.

노직은 윌트 체임벌린을 예로 들어 가상의 이야기를 만들었어요. ▶ 윌트 체임벌린은 1970년대 활약한 미국의 유명한 농구 선수예요. 어느 날, 체임벌린은 자신이 경기할 때마다 팬들은 입장료 외에 자기에게 추가로 25센트를 지급해야 한다고 주장했어요. 체임벌린은 NBA(미국 프로 농구)의 전설로 꼽히는 선수라서 팬들은 기꺼이 25센트의 추가 요금을 내고 입장권을 샀어요. 그렇게 체임벌린은 25만 달러의 돈을 벌었어요. 이때 동료 선수들이 체임벌린에게 주장했어요.

"농구는 단체 스포츠이고, 우리 없이 당신 혼자서는 시합에 나갈 수 없으니, 그 돈은 우리와 나눠야 해."

체임벌린에게는 그 돈을 나눠야 할 의무가 있을까요?

노직은 말해요. 동료 선수들에게는 그 돈을 달라고 할 '권리'가 없고, 체임벌린에게는 돈을 나눠 줄 '의무'가 없다고요. 농구가 단체 스포츠인 것은 맞지만 동료들은 이미 연봉을 받고 있으며, 25만 달러는 팬들이 체임벌린을 위해 자발적으로 낸 돈이기 때문이죠. 체임벌린이 25만 달러를 동료와 나눌 수도 있겠지만, 그것은 어디까지나 체임벌린의 선택에 달린 일이에요.

노직은 세금도 마찬가지라고 주장해요. 이 세상에는 돈이 필요한 사람은 많지만, 필요하다고 해서 받을 권리가 생기는 것은 아니라고 말해요. 설령 친구가 나보다 잘생기고, 머리도 좋고, 운동 신경과 예술적 재능이 뛰어나고, 집안까지 금수저지만 그것들을 불법적인 방법으로 획득한 게 아니라면 문제 삼아서는 안 된다고 주장해요. 가난한 사람을 돕는 것은 칭찬받아야 할 일이지만, 개인의 선택일 뿐 의무가 아니므로 누구도 봉사와 희생과 기부를 강요해서는 안 된다는 거예요.

출처 및 참고 자료

14쪽, 미국 팟캐스트 플래닛 머니Planet Money, 2008년 5월 9일 방송

17쪽, 〈New York Times〉, 'Why Only One Top Banker Went to Jail for the Financial Crisis', 2014년

24쪽, 암호화폐 결제 회사 '트리플 A 테크놀로지스', 2024년 보고서

34쪽, 홍익희·홍기대, 《화폐혁명, 암호화폐가 불러올 금융빅뱅》, 앳워크, 2018년

41쪽, 정태웅, 〈한국경제신문〉 생글생글, '돌·소금·금화에서 전자화폐로… 화폐는 변신한다', 2020년

49쪽, 차현진, 《금융 오디세이》, 메디치미디어, 2021년

54쪽, 홍기훈, 〈한경닷컴〉, '전쟁 때문에 만들어진 영국 중앙은행', 2022년

56쪽, 미에현 종합 박물관, 일본은행 승환권(10엔)

58쪽, 인터넷 사이트 〈BullionByPost〉, 'How much gold is there in the world?'

66쪽, 코디정, 〈브런치 스토리〉 코디정의 이세계지식, '최초의 신용카드', 2019년

71쪽, 유현재, 「상평통보의 주전 이익과 활용」, 205쪽

72쪽, 유현재, 「조선 후기 鑄錢 정책과 財政활용」, 136~137쪽

86쪽, 하노 벡 외 공저, 《인플레이션》, 다산북스, 2017년

95쪽, Ethan Messeri, 〈미시간 경제학 저널〉, 'Why the 2% inflation target?'

110쪽, 차현진, 《금융 오디세이》, 메디치미디어, 2021년

120쪽, 한국은행 인터넷 사이트, '한국은행 외환보유액 운용의 이해', 2016년 제 651회 한은금요강좌

124쪽, 제프 와그너, 〈CBS 뉴스〉, 'Good Question: How did the U.S. debt get so high?', 2024년

124쪽, 론 서즈, 〈Nasdaq〉, 'Money Printing and Inflation: COVID, Cryptocurrencies and More', 2021년

126쪽, 윤채현, 《그래도, 달러다》, 한빛비즈, 2012년

129쪽, 대한무역투자진흥공사, 「러일전쟁과 유대 자본가에 대한 연구」, 2001년

130쪽, 홍익희, 〈조선일보〉, '러시아의 박해에 분노한 유대인, 러일전쟁 때 일본 밀어줬다', 2021년

137쪽, 새뮤얼 플레이쉐커, 《분배적 정의의 소사》, 서광사, 2007년

140쪽, 〈Data Pandas〉, 국가별 지니 계수

142쪽, 토마 피케티, 《21세기 자본》, 글항아리, 2014년

145쪽, 빌 게이츠의 블로그 〈GatesNotes〉, 부와 자본, 불평등이 중요한 이유, 2014년

156쪽, 마이클 샌델, 《정의란 무엇인가》, 와이즈베리, 2014년

사진

12쪽, 라즐로 하니에츠가 산 피자, 위키미디어 코먼스

22쪽, 사토시 나카모토 동상, 위키미디어 코먼스

23쪽, 비트코인 이미지, 셔터스톡

28쪽, 금 이미지, 셔터스톡

35쪽, 버지니아 담배 포스터, 위키미디어 코먼스

42쪽, 일렉트럼, 위키미디어 코먼스

43쪽, 드라크마 은화, 셔터스톡

43쪽, 데나리우스 은화, 아우레우스 금화, 메로빙거 왕조 금화, 위키미디어 코먼스

45쪽, 개원통보, 위키미디어 코먼스

48쪽, 교초와 교초 목판, 위키미디어 코먼스

57쪽, 1930년 발행된 10엔, 위키미디어 코먼스

72쪽, 상평통보, 국립중앙박물관

85쪽, 그린백, 위키미디어 코먼스
101쪽, 1920년대 독일, 셔터스톡
101쪽, 2007년 짐바브웨, 연합뉴스
103쪽, 베네수엘라 화폐, 셔터스톡
121쪽, 외환보유액 사진, 연합뉴스
131쪽, 포츠머스 강화 조약, 셔터스톡

표
26쪽, 시가 총액 1조 달러 달성 시간, 인터넷 사이트 〈Visual Capitalist〉
88쪽, 미국 통화량 증가표, 국제통화기금, 2016년
89쪽, 대한민국 통화량과 물가 상승률, 한국은행